KB267953

파
과

각 본 집

파과

각본집

민규동 김동완

위즈덤하우스

차
례

독자 여러분께

이 각본집을 펼쳐 든 여러분은 지금 특별한 경험을 시작하려 합니다. 영화관에서 만난 〈파과〉와는 또 다른, 오직 이 책을 통해서만 가능한 만남 말입니다.

원작자가 창조한 광활한 문학적 우주가 있다면, 이 각본은 같은 뿌리에서 자라난 또 하나의 생명체입니다. 소설 속 조각의 내밀한 독백들이 영상 언어로 번역되는 과정에서, 때로는 전혀 예상치 못한 새로운 의미들이 탄생하기도 했습니다.

영화를 만든다는 것은 끊임없는 선택의 연속입니다. 수백 페이지의 활자들은 120분이라는 물리적 한계 안에서 압축되어야 하고, 때로는 가장 아끼던 장면들도 편집실 바닥에 떨어뜨려야 합니다. 하지만 이 각본집에서는 그 모든 것들이 온전히 살아 숨 쉽니다.

평행 우주로서의 각본

원작자가 펼쳐낸 거대한 서사의 바다에서 우리는 하나의 지류를 택했습니다. 소설 속 조각의 긴 여정 중에서도 특히 그녀의 마지막 계절에 집중한 것이죠. 원작의 풍부한 서사를 영상 언어로 옮기며, 우리는 때로 새로운 길을 걸어야 했습니다. 그 결과 이 각본은 원작에 대한 오마주이면서 동시에 독립적인 또 다른 우주가 되었습니다.

영화에서 만나지 못한 이야기들

여러분이 영화에서 보신 조각은 이미 많은 것을 잃고 난 후의 모습이었습니다. 하지만 이 각본에는 그녀가 왜 '손톱'에서 '조각'이 되었는지, 무용이라는 이름의 개와 어떻게 만났는지, 투우가 25년 동안 무엇을 찾아 헤맸는지에 대한 더 깊은 이야기가 담겨 있습니다.

특히 류와 손톱의 과거, 그들이 함께 나눈 마지막 대화들은 영화에서는 시간상 축약될 수밖에 없었지만, 여기서는 그 모든 순간들을 천천히 따라가실 수 있습니다. 조각의 마지막 독백 역시 촬영 당시보다 더 서정적으로 다듬어져, 그녀의 내적 변화를 더 깊이 느끼실 수 있을 것입니다.

촬영장의 기억들

촬영 현장에서는 예상치 못한 마법이 일어나곤 합니다. 배우들의 즉흥적인 해석이 대사에 새로운 생명을 불어넣고, 현장의 날씨나 분위기가 원래 의도와는 다른 감정을 만들어냅니다.

예를 들어, 류와 조각의 마지막 대화는 원래 더 길게 기획되었습니다. 마지막으로 전하고 싶었던 말들, 그리고 남기고 싶었던 당부들이 있었죠. 하지만 현장에서는 오히려 그 침묵이 더 강렬했습니다. 말로 다 할 수 없는 감정들이 두 사람의 눈빛 교환만으로도 충분히 전해졌으니까요.

반면, 투우와 조각의 최종 대결에서는 액션보다 대화에 더 많은 시간을 할애하고 싶었지만, 영화의 리듬상 불가피하게 줄여야 했습니다. 이 각본에서는 그들의 25년 만의 재회가 담고 있는 복잡한 감정들을 더 자세히 만나보실 수 있습니다.

각본만이 줄 수 있는 것들

영화는 보여주는 예술이지만, 각본은 상상하게 하는 예술입니다. 지문 속에 숨어 있는 작은 디테일들, 등장인물들의 미묘한 심리 변화, 그리고 무엇보다 여러분만의 속도로 이야기를 음미할 수 있는 시간이 각본집만의 특별함입니다.

조각이 복숭아를 깎아주는 작은 장면들, 무용이 꼬리를 흔드는 순간들, 손실장이 와인을 따르는 소리들… 이 모든 것들이 여러분의 머릿속에서 각자 다른 영화로 재탄생할 것입니다.

변화하는 캐릭터들

이 각본의 가장 큰 매력 중 하나는 캐릭터들의 점진적인 변화입니다. 차가운 킬러였던 조각이 한 마리의 개를 돌보게 되고, 복수에 사로잡힌 투우가 진정한 자신을 찾아가는 과정이 여기서는 더 세밀하게 그려져 있습니다.

특히 강선생과의 관계에서 보여지는 조각의 미묘한 감정 변화는 영화에서는 표현의 한계가 있었지만, 각본에서는 그 모든 내적 갈등과 성장을 따라가실 수 있습니다.

마지막으로

이 각본집은 단순히 영화의 대본이 아닙니다. 한 사람의 인생이 어떻게 다른 사람들과 연결되어 가는지, 상처가 어떻게 사랑으로 변화해 가는지에 대한 하나의 완성된 이야기입니다.

조각이 마지막에 깨닫듯, 우리는 모두 누군가의 기억 속에서 계속 살아갑니다. 이 각본 역시 여러분의 마음속에서 새로운 생명을 얻을 것이라 믿습니다.

부디 이 이야기가 여러분에게도 작은 위로가 되기를, 그리고 상처받은 모든 것들이 가진 아름다움을 발견하는 계기가 되기를 바랍니다.

〈파과〉 제작진 일동

오리지널 각본

 부산, 지하철 / 낮

검은 화면 위로, 공중전화 수화기 너머의 통화음이 울린다. 이어
들려오는 60대 여성의 목소리.

(조각)　　　예… 불법주차 신고하려고요. 여기 일방통행인데
　　　　　　말이죠….

(상담원)　　네. 위치가 어떻게 되세요?

(조각)　　　가만… 여기가….

갑자기 여자 비명이 겹친다.

(임산부)　　아악, 아저씨 지금 뭐하시는 거예요?!

화면 밝아지면 혼잡한 퇴근길 지하철이다. 임산부(여, 35) 앞에
선 일수남(남, 55), 캬악- 하며 가래침을 뱉는다. 사람들이
술렁인다. 대각선 맞은편 경로석에 앉아 돋보기 너머로 지퍼식
성경을 읽고 있는 조각(여, 64), 소란에 슬쩍 시선을 올린다. 힐끔
보고는 다시 눈을 내린다.

일수남　　뭘 꼬나봐? 어른이 서 있는데 빨리 안 일어나고.

어디서 전화통에 대가리 처박고 쌩까고 있어.
　　　　　　싸가지 없게.
임산부　　　아저씨. 저 임산부예요. 요기 임산부 배려석이고.
일수남　　　야, 뭐 애는 혼자 만들어? 그 배때지에 애가
　　　　　　들었는지, 통닭이고 족발이고 처먹어서 기름때가
　　　　　　낀 건지 어떻게 알어. 함 까봐. 확인 좀 해보게.

임산부가 당황해 주변을 둘러본다. 몇몇 사람들이 휴대폰을
들어 촬영만 할 뿐, 아무도 나서지 않는다.

임산부　　　임신했다니까요! 저쪽 임산부석에 앉은 아저씨도
　　　　　　있는데, 왜 나한테 이래요. 예?!

지목당한 샐러리맨, 당황해 고개를 숙인다. 임산부의 거센
반응에 분노로 일그러지는 일수남.

일수남　　　근데 이게 확! 어디서 눈까리를 처뒤집고….

일수남이 손을 확 치켜든다. 임산부가 움찔하며 움츠린다.
일수남, 손가락으로 임산부의 이마를 톡톡 치더니, 점점 세게
밀기 시작한다.

일수남   야, 요즘 년들은 결혼도 안 하고, (밀고) 애 새끼도

          안 낳고! (더 밀고) 남자 등골이나 뽑아 처먹을려고

          하고!! (세게 밀고) 아주 지 편할 때만 임신

          타령이지, 엉!!! (아주 세게 민다)

쿵! 임산부의 머리가 객실 벽에 부딪힌다. 파르르 떨며 벌겋게
달아오른 눈으로 노려보는 임산부.

2   노래방 / 낮

퍼어억! 피 묻은 마이크가 테이블 위로 내팽개쳐진다.
피투성이가 된 업주(여, 40), 바닥에 주저앉아 덜덜 떨고 있다. 그
앞에 선 일수남, 싸늘한 표정으로 겁박 중이다.

일수남   이자가(내려치고), 원금(내려치고), 천 배든(내려치고),

          만 배든(내려치고), 지 꼴릴 땐 애걸복걸하더니

          인제는 배 째라?

업주   며칠만… 제발 며칠만 더….

일수남   또 며칠만? 하… 안 되겠다. 남천중 다니는 니 딸,

          송아름이, 개 얼굴에 홀딱 벗긴 몸뚱이 딱 붙여서

학교에 쫙 뿌려줄게.

일수남이 나가려 하자, 업주가 울먹이며 그의 바짓가랑이를
붙잡는다.

업주   아이고, 아가 뭔 죕니까.
일수남   너 같은 부모 둔 죄지. (걷어차며) 안 놔!

업주가 계속 매달리자, 일수남이 다시 마이크를 집어 들고
그대로 내려친다. 비명이 터져 나오고, 노래방 안에 피비린내가
번진다. 복도 어둠 속에서 이 모든 걸 지켜보고 있는 누군가의
시선.

3   노래방 앞 / 낮

기잉- 철컥. 견인차가 차량을 들어 올린다. 차량 결착을 확인한
견인 기사가 시동을 건다. 트럭이 요란하게 출발한다. "야! 야이
씨!" 허둥지둥 뛰쳐나오며 욕설을 퍼붓는 일수남. 트럭은 이미
저만치 사라지고 없다. 일수남, 바닥의 견인 딱지를 짓밟고 침을
퉤 뱉는다.

근처의 전화 부스 안. 조각, 수화기를 든 채 묵묵히 그를
응시하고 있다. 화면 위로 겹치는 지하철 안내 방송. "다음
정차할 역은….

화면은 조용한 노약자석의 조각으로 연결된다. 방금 전 노래방
장면이 조각의 회상이었음을 알 수 있다. 시끄러운 안내 방송에
임산부석에 앉아 코를 골던 일수남이 화들짝 깨며 주변을
두리번거린다. 불쑥 일어나더니 사람들을 밀치고 출입문 쪽으로
움직인다. 그제야 시선을 들어 그를 바라보는 조각. 성경책
사이에 끼워진 사진 한 장. 사진 속 인물은 바로 일수남이다.
조용히 페이지를 덮는다. 머리칼 쪽으로 천천히 손을 올린다.
묘하게 생긴 비녀가 반짝인다.

열차가 플랫폼에 다가선다. 일수남이 슬그머니 인파에
밀려 출입문 쪽으로 다가간다. 조각도 가방을 들어 올리며
자연스럽게 인파에 섞인다. 사람들 사이를 비집고, 점점 그의 등
뒤로 가까워진다. 플랫폼에 들어서는 열차. 급정거에 승객들이
옆으로 쏠리고, 조각도 그대로 일수남 쪽으로 몸이 기운다. 그

순간, 비녀 끝의 독침이 그의 옆구리 살갗을 찌른다.

일수남 (신경질적으로 밀치며) 아씨, 노인네. 미쳤나?
      재수없구로. 어데 딱 붙어가지고….

조각, 고개를 까닥 숙여 사과한다. 곧 출입문이 열린다.
일수남도 인파에 떠밀리듯 발을 내딛는다. 그런데, 갑자기
가슴께를 움켜쥐며 우뚝 멈춰 선다. "비켜요! 안 내릴 거면."
짜증을 터뜨리는 승객들이 서로 밀치며 마구 엉킨다. 일수남의
얼굴이 일그러진다. 조각은 그사이 일수남을 지나쳐 천천히
플랫폼으로 내려선다. 경직된 일수남이 이리저리 치이다가
승강장으로 밀려 나오는데… 마침 후다닥 뛰어드는 남자와
부딪친다. 휘청- 하더니 그대로 바닥에 고꾸라진다. 놀란
남자가 "어… 죄송" 하다가 "으악!" 비명을 내지른다. 거품을
문 일수남, 동공이 풀린 채 온몸이 파랗게 굳어 있다. 웅성이며
혼비백산 승객들 사이로 아무 일도 없다는 듯 플랫폼 계단을
오르고 있는 조각. 그 뒷모습은 조용하고, 느리고, 흔들림이
없다.

화장실로 들어서는 조각. 문을 잠근다. 좌변기 칸에 들어선 조각. 비녀 뚜껑을 누르자 가느다란 독침이 튀어나온다. 휴지에 독침을 문지르듯 닦는다. 휴지를 말아 독과 핏자국을 신중하게 닦아낸다. 변기에 던져 넣고 물을 내리려는 순간. 갑자기 조각의 오른팔에 경련이 온다. 문득, 핑- 도는 어지럼증을 느끼며 비틀한다. 쿵- 칸막이를 손으로 짚고 버틴다. 그 탓에 비녀를 놓친다. '짤랑!' 그때 문밖에서 들리는 지지직- 무전음. "거 다섯. 즉시 위치 보고 바람." 조각, 깜짝 놀라 몸을 추스른다. 재빨리 바닥을 살피는데, 비녀가 보이지 않는다. "거 다섯. 지금 숙등역 인근 방범 순찰 중입니다." 이내 칸 밖으로 굴러 나간 비녀를 발견한 조각. 문 아래로 손을 뻗으려는 순간, 그 앞으로 여경의 구두 앞코가 비녀 앞에 멈춘다. 비녀를 주워 드는 여경. 일어나는 조각. 여차하면 처리할 듯 가슴 속 칼집에 손을 댄다. 하지만 눈은 침착하다. 문 사이로 스치는 긴장. 여경이 조각의 칸에 노크한다. 물 내리는 소리와 함께 탁! 문이 열리고, 조용히 손을 털며 나오는 조각. 평범한 노년의 모습이다. 여경이 친절히 비녀를 내민다.

여경   이거, 할머니 거 맞죠?

조각   아, 고마워요.

받아 드는 조각의 손에 미세한 경련이 인다. 의심스레 보는
여경. 이때, "숙등역 상행 플랫폼 상황 발생. 즉시 확인 바람.
다시 한번 전파한다…." 여경, 다급한 무전이 이어지자, 서둘러
화장실을 빠져나간다. 조각, 거울 앞에서 천천히 숨을 고른다.
입가에 묘한 미소.

6   지하상가 / 낮

조각, 팔을 감싸쥔 채 빠르게 걷는다. 가방에서 약통을 꺼내
들며, 코너를 막 도는 순간, 쾅! 때마침 계단에서 뛰어 내려오는
구급대원들이 조각 앞을 확 스치며 부딪친다. 조각이 휘청이며
벽으로 물러선다. 가방이 바닥에 떨어지며, 그 안에서 성경책과
약통이 튀어나와 바닥에 흩어진다. 조각, 멈칫한다.

CUT TO.

그 순간, 시공간이 흔들리고, 80년대의 좁고 습한 골목. 20대의
손톱이 휘청- 넘어지며 품고 있던 칼을 놓쳐 떨어뜨린다.

허둥지둥 칼을 줍는데… 벽에 기댄 남자 류(남, 46)가 차갑고
한심한 눈빛으로 일갈한다.

류   내가 뭐랬어. 복잡한 데서 일 끝내고 코너를 돌 땐,
            원을 넉넉하게 그리랬지.

조각, 아무 말 못 하고 류를 올려다본다.

(구급대원) 어머니, 괜찮으세요?

CUT TO.

낯선 소리에 조각, 멍하니 시선을 들며 회상에서 깨어난다.
성경책과 약통을 천천히 다시 가방에 넣는다. 놀란 구급대원이
괜찮냐며 다가오지만, 조각은 말없이 돌아선다. 빠르게 계단을
올라 지하철을 벗어나며 자책하듯 중얼거린다.

조각   벽 쪽에 붙었다가, 총칼 다 쏟아붓고 여기 증거물
             있어요, 할 거야?

좁은 마을버스. 흔들리는 차 한쪽 구석에 선 채 여전히 류의
말을 중얼거리고 있는 조각.

조각   (속삭이듯) 원을 넉넉하게 그리랬지….

잠시 후, 뒤쪽 자리가 비자, 천천히 걸어가 앉는다. 숨을 길게
내쉬며 눈을 감았다가 다시 뜬다. 주머니에서 휴대폰을 꺼낸다.
화면을 켜고 앱을 열어 무언가를 입력하려는데, 손이 떨려 자꾸
오타가 난다. 조각, 잠시 보다가 그냥 끄고, 휴대폰을 무릎 위에
내려놓는다. 이윽고 고개를 창가에 기대고 눈을 감는다. 지친
얼굴. 눈꺼풀이 서서히 내려앉는다. 창밖, 서서히 눈이 내린다.
버스 안, 조용하다. 조각의 숨소리만 작게 깔린다.

8   **(과거, 1975년) 미군부대 앞 / 밤**

함박눈이 쏟아지고 있다. 한 소녀(설화, 15)가 적막한 밤거리를
맨발로 걷고 있다. 헝클어진 머리, 찢긴 옷에 어디선가 주워 든
포대 자루를 두른 채 비틀거린다. 창백한 얼굴로 힘겹게

걷다가 주저앉는다. 멀리 희미한 도심 불빛이 보인다. 소녀,
이를 악물고 다시 몸을 일으켜 세운다. 그러나, 눈발 속에
점점 걸음이 느려지고, 결국 몇 걸음 못 떼고 그대로 눈 속에
쓰러진다. 감기는 눈꺼풀 위로 눈이 소복이 쌓인다. 서서히
소녀의 얼굴이 어둠 속에 묻혀간다. 브르릉. 멀리서 한 대의
차량 불빛이 어둠을 뚫고 나타난다. 차가 가까워질수록
가로등에 쓰러진 몸이 드러난다. 끼이이익– 뒤늦게 도로
한가운데 쓰러진 사람을 발견하고 급히 방향을 꺾으며 휘청하는
차. 카메라 앞에 멈춰 선다. 운전석 문이 열리고 한 남자(류, 35)가
내려선다. 눈 속에 엎어진 소녀에게 다가와 어깨를 흔든다.

류   야… 괜찮아?

반응이 없다. 류, 고개를 숙여 얼어붙은 얼굴을 확인한다.
숨결이 없다. 늦었다고 판단하고 고개를 젓는다. 몸을 일으켜
돌아서려는 순간.

설화   …배 …고파요.

류가 멈춰 선다. 뒤돌아본다. 살겠다는 의지보다, 그저 숨이
붙어 있는 얼굴. 눈은 여전히 내리고 있다.

24

멀리 보초를 선 미군 헌병들이 보이는 부대 근처. 여러 잡화상이 늘어선 좁은 골목. 한구석에 허름한 네온 간판 하나가 눈에 들어온다. '체리보이 Cherry Boy'라는 작은 다이너 식당이다.

10　　　**(과거) 체리보이 식당 / 밤**

좁은 식당 안, 테이블에 앉은 설화, 옷이 덜 마른 채로 덜덜 떨고 있다. 만삭의 여자(30, 이하 아내)가 설화의 언 손을 비벼서 풀어주고 헝클어진 머리를 매만지고, 해진 카디건을 입혀준다. 류가 부엌 안쪽에서 함박스테이크와 콜라가 담긴 쟁반을 들고 나와 설화 앞에 내려놓는다.

류　　　　일단 먹어.

낯선 음식과 포크, 나이프를 물끄러미 보는 설화. 어떻게 먹는지 모르는 것 같다. 류가 눈짓으로 벽면 액자를 가리킨다. 흘깃 보면, 햄버거와 스테이크를 먹는 서양인들의 사진이다. 그제야 포크를 잡고 고기를 막 찔러 게걸스럽게 삼키기 시작하는 설화. 입안 가득, 너무 급하게 먹어 목이 메는지 컥컥댄다.
짠하게 보던 아내가 콜라를 내민다. 벌컥벌컥 마시는 설화.
입술이 떨리고 쓴맛에 얼굴을 찡그리다 저도 모르게 트림이
터진다. 커억! 류가 한심한 듯 본다. 잠시 설화를 바라보던 아내,
부드럽게 묻는다.

아내   …어디 갈 데는 있어?

설화   (시무룩하게 고개 젓는다. 표정은 사라지고, 눈빛만
              남는다)

아내   설거지는 할 줄 아니?

설화   …(얼빠진 듯 물끄러미 아내를 바라본다)

류   (말리며) 여보….

아내   (배를 쓰다듬으며) 저 어차피 한동안 일 못하잖아요.

류, 깊게 한숨을 쉰다.

류   …돈은 못 줘. 대신 먹여주고, 재워는 준다.

설화, 잠시 류를 바라보더니, 고개를 끄덕인다. 입가에 조금,
아주 작게 웃음 비슷한 게 스친다. 식당 바깥, 눈발이 다시
흩날린다.

해가 바뀌어 꽃잎이 날리는 봄이다. 창으로 햇살이 들어온다. 라디오에선 올드 팝송이 흐른다. 설화, 흥얼거리며 설거지를 하고 있다. 거지 같은 몰골은 사라지고, 손놀림에도 익숙함이 묻어난다.

주방 뒷문이 벌컥 열리며 류가 들어온다. 설화, 깜짝 놀라 툭- 라디오를 끄려는데, 류가 말린다.

류   그냥 듣자.

짐을 내려놓고 겉옷을 벗는 류, 피곤이 짙은 얼굴이다.

설화   어딜… 또 다녀오셨어요? 일주일씩이나 비우시고.
류   하루이틀도 아니고. 갑자기 그게 왜 궁금해?

차가운 반응에, 설화가 조금 시무룩해진다. 류가 그녀 옆으로 와, 팔을 걷어붙인다.

류   …방역.
설화   네?

류   벌레 좀 잡았다고.

설화   …두세요. 힘드실 텐데.

류   할 만해?

설화   하루이틀인가요, 뭐.

피식- 웃는 류. 함께 그릇을 닦는다. 설화, 잠시 류의 옆모습을
힐끗 본다. 무언가 말하려는 찰나- "아!" 하며 설거지통에서
손을 꺼낸다. 칼에 베인 검지에서 피가 흐르고 있다. 류가
선반을 뒤져 반창고를 꺼낸다.

류   칠칠맞긴. 줘봐.

설화의 손을 잡고 말없이 밴드를 붙여주는 류. 설화, 그 따스한
감촉에 숨을 멈춘다. 그때, 딸랑- 식당 입구에 울리는 도어벨
소리. 아기를 업고 장바구니를 든 아내가 들어선다. 류가 얼른
나가서 맞이하며 우는 아이를 달랜다. 설화는 밴드를 감싼
손가락을 조용히 감추고 다시 개수대 앞에 선다. 뒤이어 미군
병사들이 한 무리 들어오며 홀이 시끄러워진다. 그중 한 미군
병사(남, 30대)가 류에게 친근하게 아는 체한다.

미군   Hey, Cherry Boy! Where've you been?

류   Quarantine 좀 했다, 임마.

미군   Well, You know your girls were very lonely when

            you were gone. But don't worry about that. I took

            care of them.

류가 능숙하게 응대하며 그들과 어울리고, 설화는 아내의
장바구니를 받아 부엌일을 시작한다. 그런 설화를 한 미군
병사가 끈적하게 바라본다. 류, 그 시선을 놓치지 않는다.
눈빛이 차가워진다.

12   (과거) 체리보이 식당, 뒷문-주방-홀 / 밤

설화, 식당 뒷문 앞 골목 바닥을 쓸고 있다. 청소를 마친 후
빗자루를 털고 부엌으로 들어가려는 순간, 턱! 두툼한 손이
쪽문을 가로막는다. 낯익은 미군 병사. 설화를 끈적하게 보던
자다. 놀라 보는 설화.

설화   누… 누구세요?!

미군   (문을 밀고 들어와 잠그며) Hello, Sweety.

설화   왜… 왜 이러….

퍽! 설화의 얼굴을 정통으로 가격한 주먹. 설화는 바닥에
내동댕이쳐진다. 겁에 질려 뒷걸음치지만, 좁은 부엌이라
도망칠 곳이 없다. 미군이 다가와 옷깃을 움켜쥐자 설화가
비명을 지르며 저항한다. 그럴수록 귀엽다는 듯 사냥을 즐기며
즐거워하는 미군. 옷이 뜯겨나가자 더욱 처절하게 저항하는
설화. 우당탕! 그릇, 냄비, 기름통이 부딪치며 나뒹군다. 설화가
손에 잡히는 대로 집어 던지고 휘두르는데, 퍽! 방심한 순간
도마에 머리를 맞고 이마에 피를 흘리는 미군. 순간, 표정이
굳으며 더욱 거칠게 변한다. 필사적으로 도망쳐보지만 머리채를
잡혀 홀 바닥으로 던져지는 설화. 바닥에 나뒹구는 부엌칼을
향해 손을 뻗는데, 군홧발이 손을 밟아버린다. 손가락이
뒤틀리고 손톱이 깨져 피가 맺힌다. 욕설과 함께 설화를 잡아
테이블 위로 억지로 끌어 올리고 꼼짝 못하게 짓누르는 미군.
무력해진 설화, 공포와 절망 속에서 눈물이 터지는데…. 순간,
부웅– 공중으로 치솟는 미군의 발. 설화가 아래에서 몸을 틀어
테이블에서 떨어지며 괴력으로 미군을 엎어쳐 메꽂은 것.
난로에 머리를 부딪치며 바닥에 처박히는 미군. 죽은 듯 미동이
없다. 겁에 질린 설화. 바닥을 기어 문 쪽으로 나아간다. 퍽–
뒤통수를 강타하는 콜라병. 설화가 그대로 고꾸라진다. 분노로
거칠게 숨을 몰아쉬는 미군, 씩씩대며 주변을 뒤지다가 구석
어딘가에 널브러진 장우산 하나를 주워 든다. 이어 죽일 듯

달려들어 쓰러진 설화를 뒤집고 거칠게 턱을 붙잡아 쇠로 된
우산 꼭지를 입에 확 박아 넣는데…. *끄어억!* 막힌 신음과 함께
미군의 눈이 뒤집히더니 팔을 떨구고 우뚝 멈춰 선다. 오히려
미군 입속에 부지깽이가 박혀 있다. 설화가 두 손으로 미군의
입속을 향해 끝까지 박아 넣는다. 미군 목뒤로 부지깽이 끝이 더
튀어나온다. 피를 토하며 점점 설화 위로 느리게 무너지는 미군.
힘겹게 숨을 뱉어내는 설화. 눈이 감긴다.

CUT TO.

문으로 새벽빛이 스며든다. 인기척에 실눈을 뜨는 설화. 문이
열리고 류가 들어온다. 두 손에 찬거리를 들고 있다. 류의
눈앞에 펼쳐진 건 피범벅이 된 식당 홀. 참혹한 현장에 인상이
구겨진다. 그제야 미군 시체 옆에서 꿈틀대는 설화. 류, 굳은
얼굴로 다가선다. 설화는 겁에 질려 움츠린다.

설화	제가… 제가… 한 게 아니… 이 남자가 먼저…
	난… 그냥….
류	너….
설화	(울먹이며 빈다) 살려주세요…. 제발! 또 쫓겨나기
	싫어요….

류   …보기보다 소질이 있구나!

설화의 손을 잡아 멈추는 류. 손을 들여다본다. 부러진 검지
손톱에 붉은 피가 맺혀 있다.

류   손톱. 넌 오늘부터 손톱이다.

설화, 이해하지 못한 듯 류를 바라본다. 두려움과 혼란으로
흔들린다.

13   (과거, 10년 후) 서태산의 집 / 밤

2층. 살짝 열린 욕실 틈 사이로 새어 나오는 불빛. 소리 나지
않게 다가가 샤워 커튼을 살짝 여는 손톱. 샤워 중인 서태산의
목덜미를 향해 칼을 뽑는데, 서태산이 샤워기에 반사된
실루엣을 포착하고 준비한 칼을 들어 날린다. 손톱의 얼굴을
스치는 칼날. 샤워 커튼이 찢긴다. 나신을 감추지 않고 다가오는
거구의 서태산.

서태산   안 보이던 차가 하나 떡 있드만. 웃기네!

손톱   …!

들켰다. 당황한 손톱이 조금씩 뒤로 물러난다. 마구잡이로
칼을 휘두르며 달려드는 서태산을 피해 손톱이 욕실 불을
꺼 한순간에 어둠을 만든다. 격렬한 싸움 속에 푹- 서태산의
하복부에 박히는 칼. 그러나 멀쩡히 버티는 서태산. 오히려
손톱의 목을 잡더니 번쩍 들어 올려 세면대 위로 내리꽂는다.
세면대가 산산이 부서지고, 그 위로 손톱이 굴러떨어지며
고통스러워한다. 하지만 손톱은 이내 맹수처럼 일어나 다시
덤빈다. 이어지는 격투 속, 찢긴 샤워 커튼을 잡아 서태산의
목에 감고 조르기 시작한다. 서태산이 켁켁대며 손을 휘두르자
재빨리 등에 올라타는 손톱. 그러자 서태산은 손톱을 떨쳐내려
벽 쪽으로 몸을 세차게 내던진다. 손톱이 끝내 버티자, 서태산은
거꾸로 메쳐 바닥에 내동댕이친다. 손톱은 벽을 차고 몸을
비틀어 올라탄다. 양발로 서태산의 몸을 제압하고, 필사적으로
목을 옥죄어간다. 거품을 물고 발버둥치던 서태산이 끝내 축
늘어진다. 사력을 다한 탓에 거친 숨을 몰아쉬며 안도하는 손톱.
순간, 타다닷- 하는 소리와 함께 네 명의 부하들이 들이닥치고,
손톱을 향해 칼을 뽑아 든다.

부하1   뭐야, 이거!

고요. 정말 이대로 끝인가- 싶은 찰나, 컥! 부하 1이 털썩
쓰러진다. 뒤에 류가 서 있다.

류   외로움 많이 타나봐. 같이 가려고들?

손톱의 흐릿한 시야. 류가 망설임 없이 네 명의 부하를 하나씩
쓰러뜨린다.
피가 튀는 욕실, 이내 고요해진다. 류가 다가와 손톱에게 손을
내민다. 구원처럼.

14   (타이틀 시퀀스) 어딘가, 자료실 / 밤

____

손톱의 수십 년에 걸친 은밀한 활약상이 펼쳐지며, 각종
정보와 시신 기록들이 서류철에 빼곡히 저장된다. 적막한 공간.
낡은 캐비닛이 촘촘히 들어찬 자료실. 낯선 손이 어둠 속에서
서류철을 뒤적인다. 철컥- 촤르륵- 서류가 넘겨질 때마다
손톱이라는 코드명의 수십 년에 걸친 기록이 흘러나온다. 그
사이로 쏟아지는 위조 신분증들. 교사, 간병인, 승무원, 기자 등
신분증 속 사진이 점점 나이 들어간다. 20대의 손톱 얼굴에서
40대를 지나, 마지막 한 장. 현재 60대의 조각 얼굴 위로 파과

破果 The Old Woman with the Knife 타이틀이 뜬다.

15 신성방역 앞 / 낮

낡은 인쇄 공장 지대, 지게차들이 분주히 오간다. 작은 차 한
대가 들어와 멈춰 선다. 차 문이 열리고 지팡이가 툭 땅을
짚는다. 조심스럽게 내려서는 깔끔한 차림의 40대 남자, 손실장.
절뚝이는 걸음으로 '신성방역'이라 적힌 빛바랜 간판의 철문을
향한다.

(장비) 아, 대모님. 산세베리아는 키우기 쉬워.

16 신성방역, 사무실 – 손실장 방 / 낮

분무기로 선반 위의 산세베리아 잎에 물을 뿌리며 통화 중인
장비(남, 50대). 그사이 자료실에서 막 서류를 챙겨 나와 책상에
앉는 초엽(여, 29).

장비 꽃도 피고. 물도 1년에 딱 두 번. 초보용으로

대박이라니까. 진짜 대모님 땜에 산 건데, 왜 안
가져가요.

(조각) 그 따위에 정 쏟는 시간 있으면, 니 근력이나 더
키워.

툭- 전화 끊기는 소리. 황망해하는 장비.

장비 아, 참, 좋은 걸 좋다고 해도, 이렇게….

한숨을 쉬며 장비를 보는 초엽, 어이가 없다는 듯 눈을 흘긴다.

초엽 쯧! 식물도 키우는 사람이나 키우지. 이제 갖구
가요. 나 똥손이라 죽을까 조마조마하니까.

장비 (초엽 맞은편 자리로 향하며) 맨날 시뻘건 것만
보는데, 초록색도 보고, 어? 그러면서 딴 세상도
보고, 어?

초엽 (절레절레) 여성호르몬 과다야, 과다! (장비가 의자에
앉자 새로 의뢰서를 건네며) 근데, 뭐가 좋다고 그렇게
챙겨? 눈길 한번 안 주는 양반인데.

장비 니가 어찌 알겠니? 지나온 세월의 무게…!

초엽 (익숙한 듯 립싱크로 놀리듯) '세월의 무게?'

…어이구. (장비가 살피는 의뢰서 가리키며) 근데 이번

방역 진짜 날로 먹는다. 그치?

장비　　　(손을 확 치켜들며) 어디서 이게. 니가 현장 뛰어봐.

쉬운 일이 있나.

초엽　　　(쫄기는커녕, 장비 손목의 시계 보며) 그 짭 좀 그만

차고 다녀요. 퀄 진짜 구려.

장비　　　(손목 감추며) 야, 이거… 진짜야.

초엽　　　딱 보면 척이지. 어디서 선수한테 구라야.

이때, 손실장이 들어온다.

초엽　　　오셨어요?

장비　　　어이, 손실장. 간만이구만.

손실장　　예, 장비 형님. 들어가시죠.

손실장이 안쪽 방으로 발걸음을 옮기고 장비가 따른다.

CUT TO.

손실장 앞에서 의뢰서를 읽는 장비, 표정이 굳어진다. 서류

위로 이혼 소송 중인 남편과 사실혼 상대, 두 명의 타깃 정보가

보인다. 의뢰인 요청 사항에 "…반지 수거"라는 글씨가 적혀
있다.

장비   이건… 방역이 아니라 그냥 치정 청부 아냐?

손실장   상대가 30년 조강지처 영혼을 파괴한

          개막장입니다. 이런 흡혈독충류 박멸이 방역이

          아니면 뭡니까. 하루하루 고통이 마일리지처럼

          쌓이고 있다는데….

장비   …의뢰인한테 뒷돈이라도 챙겼어?

손실장   아무리 거절해도 좋은 일에 보태라는데,

          어쩌겠어요.

장비   대모님이 아시면….

손실장   형님, 파리가 해충이죠? 시체나 파먹고 병균이나

          옮기고 다니니까.

장비   …?

손실장   근데 아세요? 4700만 년 전 파리 화석에서

          꽃가루가 발견된 거. 걔들, 중생대 때부터 대륙

          오가면서 꽃가루 날라서 생태계 유지시킨

          익충입니다. 구더기면 어떻고, 똥통이면

          어떻습니까. 우리한테 양식이 되는데!

장비   …. (갈등한다)

| 손실장 | 그냥 반지만 수거하면 됩니다. 뒤처리도 다 약속된 거라. |
| 장비 | (서류 내려놓으며) 못 들은 걸로 하지. |

장비가 단호하게 일어나 방을 나간다. 실망한 손실장. 못마땅한 듯 휴대폰을 꺼내 든다.

17　도자기 공방 / 낮

황토 가마 앞, 불길이 이는 화덕 속에 도자기를 굽고 있는 최반장(남, 60대). 땀을 훔치며 장작을 하나 던져 넣는다. 그때, 한쪽에 둔 휴대폰이 진동하며 울린다. 발신자 '손실장'을 확인하고 받는 최반장.

최반장	어이. 간만이여. 직접 뭔 일로?
(손실장)	최반장님. 전에 말한 그 칼잡이 있잖아요. 젊은 친구.
최반장	어, 개? 그 투우 머시기? 역마살 있는 놈은 싫다고 빠꾸났잖여.
(손실장)	실력은 확실해요?

최반장　　　암만, 근디 보나마나 거서도 달포도 못 버티고

　　　　　　　뛰쳐나갈 것인디. 뭘 찾아 댕기는지….

(손실장)　　그래도 한번 보고 싶은데.

18　　　조각의 집 앞 / 밤

가로등 불빛이 희미한 오르막길. 조각이 천천히 걸어 오른다.
발걸음엔 묵직한 피로가 배어 있다. 그때, 담벼락 아래 차고
안쪽에서 낮고 쉰 신음 소리가 들린다. 조각, 걸음을 멈추고 귀
기울인다. 조심스레 다가가 들여다보면… 노견 한 마리가 피
묻은 다리를 핥고 있다. 털은 젖어 있고, 바닥엔 핏자국이 번져
있다. 조각이 차고 문을 내려 닫으려 하지만, 고장 난 듯 미동도
없다. 낮은 탄식과 함께 짧은 짜증.

조각　　　（낮게） 이게 또….

차고 문을 툭 내려치자, 깜짝 놀란 노견이 낑낑대며 차 밑으로
숨는다. 조각은 무표정하게 등을 돌려 대문 앞으로 간다. 문
틈 사이에 끼어 있는 실 한 가닥. 그대로다. 주변을 둘러보며,
열쇠를 꺼낸다. 작은 열쇠 구멍에 꽂으려 하지만, 손이 떨린다.

첫 번째 열쇠, 헛돌고. 조용한 한숨. 두 번째 열쇠. 찰칵- 문이
열린다. 조각, 안으로 들어선다. 문이 조용히 닫힌다.

19 조각의 집 / 밤

온기가 없는 썰렁한 집 안. 조각이 들어선다. 재킷을 벗어
의자에 걸고, 식탁 위의 물을 마신다. 냉장고를 열어 요깃거리를
꺼낸다. 가발을 벗어 장롱에 넣고, 비녀를 빗통에 꽂는다.
소파에 앉는다. TV 화면엔 찰리 채플린의 흑백 코미디. 아이와
함께 식사하는 장면이다. 조각은 웃지 않는다.

CUT TO.

안방 창가의 책상에 앉은 조각. 돋보기를 낀 채 보고서를 쓴다.
"…편도훈, 52세. 독신. 전과 17범. 9명을 자살시킨 불법추심
악성 사채업자. 30000% 고리대금. 나체 합성사진 유포로 가족
협박, 보툴리눔 톡신 15ng, 쇼크사 유도, 지하철 플랫폼에 시신
노출…" 순간 손이 떨려오자 글자가 삐뚤빼뚤 흔들린다. 조각,
펜을 멈춘다. 왼팔을 감싸쥔다. 심란한 듯 다시 시도하지만,
이내 다시 떨려온다. 보고서를 확 찢어버리고 다시 쓰기

시작한다.

완성된 보고서 앞장을 서류봉투에 넣는다. 먹지 아래 복사본은 가계부 사이에 꽂아 넣는다. 옷장을 열면 40년 넘게 빼곡하게 연도별로 정리된 낡은 가계부들이 보인다. 그 사이에 가계부를 꽂아 넣고 문을 닫는다.

CUT TO.

조각, 모로 누워 잠을 청한다. 숨소리만 흐르는 고요한 밤. 그때, 적막을 뚫고 낮고 끈적한 신음 소리가 스민다. 조각, 한쪽으로 몸을 뒤척인다. 신음 소리가 낮게 이어진다. 조각, 기어이 눈을 뜨고 만다.

20 동물병원, 병리실 / 밤

보풀이 일어난 카디건, 스티커가 덕지덕지 붙은 지갑, 닳은 운동화와 오래된 백팩. 조각은 병리실 입구 근처에 선 채, 늘 그렇듯 천천히 주변을 훑는다. 비상구, 창문, 사각지대, CCTV 각도까지 몸에 밴 습관처럼 탈출로와 사각을 점검한다. 안쪽 수술실 문이 반쯤 열려 있고, 그 너머에서 들려오는 낮고 부드러운 목소리.

(소리)   … 괜찮아, 아프지 않게 할게. 조금만 참자.

고요한 병원 안, 그 속에 잔잔한 긴장감. 조각의 눈빛이 수술실
안쪽으로 스치듯 머문다. 이때, 드르륵– 문이 열리고, 선한
인상의 강봉회(남, 40, 이하 강선생)가 담요에 싼 노견을 안고
나온다.

강선생   아, 어려운 일 하셨네요. 다친 애들 보면 측은지심은
             들어도, 막상 내 손에 피 묻히면서 구조하는 건,
             쉬운 일 아닌데….
조각   그럼 이만.
강선생   근데 워낙 노견이라… 이런 애들은 보호소도 잘 안
             받습니다. 입양도 안 되고 결국 안락사 될 가능성이
             높거든요. (조심스레) 그래서 말인데, 직접 전화 한
             통 넣어주시면….
조각   무슨….
강선생   구조하신 분이 직접 연락하면, 거절을 잘
             못하거든요.
조각   …원래 이런 일까지 합니까?

강선생　　　늙고 병들었다고 버림받는 거. 잔인하잖아요. 벌써

한번 버림받은 아이인데….

말을 잇는 강선생 너머로, 조각의 눈길이 천천히 개에게 머문다.
헐떡이는 숨소리 사이로 눈이 마주친다.
그 순간, 무심하던 조각의 표정에 미세한 파장이 스친다.

21　　컨테이너 창고, 입구 / 낮

큰 컨테이너들이 즐비한 창고 부지로 들어서는 SUV. 뒷좌석
양쪽으로 팔짱을 끼인 채 묻는 복면남.

복면남　　　근데… 많이 아픈가요? 그 왜… 산 채로 막 째고

그런다던데….

남자　　　(옆구리를 폭 찌르며) 여기 흉터 안 남게 이쁘게 꿰매

드릴 테니까 걱정 마시고.

복면남　　　(화들짝) 아, 네.

지게차를 운전하며 통화 중인 구성식(남, 45, 이하 구사장).

구사장   야이씨… 내가 요즘 이상하게 쫄리고 찜찜해서
          웬만하면 장사 안 할라 했는데, 갑자기 눈깔까지
          내놓으라면 어떡해? 안 돼! (사이) 몰라.

이때, 복면남을 데려온 남자가 들어와 준비됐다는 듯
고갯짓한다.

CUT TO.

확 벗겨지는 복면. 말간 표정의 남자가 에취- 재채기를 한다.
투우(남, 35)다. 앞에 구사장과 부하들. 뒤로 조악한 간이
수술대가 보인다. 주눅 든 채 둘러보는 투우.

투우   죄송합니다.
구사장   …혹시 각막도 한 짝, 팔 의향이 좀 있으신지?
투우   네, 갑자기요?
구사장   이게 참 난감한 게, 클라이언트가 갑자기

애걸복걸을 하니까. 응? 내 지인도 요전에 하나
뽑았는데, 하등 지장 없어, 잘 살아!

투우   그럼, 한 짝에 얼마….

구사장   콩팥 5천에, 3개 더 얹어드릴게. 어때?

투우   3천? 그건 좀 그런데. (말투가 바뀐다)

구사장   응?

투우   봐봐. 평생 애꾸 신세인데, 3천 갖고 뭐 어쩌라구?
         안경값도 요즘 미쳤는데, 눈깔은 왜 아직도 10년
         전이냐고.

구사장   허, 다해서 화끈하게 큰 거 1개로 맞춰드릴게!

투우   10.

구사장   10억?

투우   10초!

눈빛이 돌변하더니 구사장을 차서 쓰러뜨리고, 주변 사물로
부하들을 타타탁- 처리하는 투우. 그사이 문을 열고 도망치려던
의사에게 수술대의 메스를 집어 던진다. 뒷목에서 피를 뿜으며
쓰러지는 의사. 이어 뭔가 주워 들고 저항하던 구사장의 무기를
낚아채 눈앞에 겨눈다. 이내 양손을 들고 무릎 꿇는 구사장.

투우   …구성식 니 목 따는 데.

구사장	너… 너 뭐야. 누가 보냈어!
투우	얼마 전에도 눈깔 하나 뽑았다며? 남의 손님
	뻥땅해서.
구사장	대림동 그 박사장 새끼야?
투우	그러게 절친끼리 왜 새치길 해갖구.

투우가 한 손으로 수술대를 툭툭 두드리자, 구사장이 주춤주춤
수술대 위로 올라간다.

투우	둘이 곧 볼 거야. 지옥서 화해해.
구사장	뭐, 박사장도 죽였어? (뭔가 생각난 듯) 너였냐? 나
	몰아대던 놈…. 너 대체 목적이 뭐야?
투우	목적? 얘기해주면 알아? 11살 때 고아 되고,
	폐쇄병동서 2년을 썩었는데, 그때부터 인생 목표가
	됐지. "유명해지는 거!"
구사장	…?
투우	거봐. 말해줘도 모르면서.

순간, 구사장의 겨드랑이 아래 깊숙이 칼을 꽂아 넣는 투우.
구사장, 눈이 뒤집히며 온몸을 경련하듯 떨지만, 너무 아픈 듯
비명은 터지지 않는다.

투우	여기 신경이 꽤 모여 있는데, 어때?
구사장	…사, 사… 살려…줘….
투우	미안한데 그건 어떻게 하는지 몰라. 내가 아는 방식은…. (칼날을 더 깊이 비틀어 박으며) 아다지오 그라베. 천천히. 고통스럽게.

죽어가는 구사장의 동공에 비치는 자신의 얼굴을 응시하는 투우.

23   컨테이너 창고, 출구 / 낮

주차장 가장자리의 차 안. 운전석에 앉은 손실장이 투우의 정보가 정리된 파일을 넘겨보고 있다. 그때, 저 멀리서 들리는 SUV 시동음. 고개를 들자, 투우가 SUV를 몰고 작업장을 빠져나가고 있다. 손실장, 입꼬리를 살짝 올리며 시동을 걸고, 조용히 미행을 시작한다. 투우는 평온한 얼굴로 전방만 응시한 채 운전 중. 손실장 차는 일정한 거리로 꼬리를 물며 따라간다. 투우의 SUV가 창고 끝 코너를 돌며 사라진다. 뒤따르던 손실장의 차량도 코너를 꺾는데, 텅 비어 있는 도로. 투우의 차는 흔적도 없이 사라져 있다. 손실장, 당황한 표정으로 주변을

다급히 훑는다. 그 순간- 부아앙!!! 옆 창고 셔터를 박차고
튀어나오는 지게차. 손실장의 차량 측면을 정통 타격한다.
지게차의 포크가 차창을 뚫고 들어와 손실장의 얼굴을 스치고,
차는 비명을 지르듯 삐걱이며, 도로 반대편 5미터 아래 도랑
방향으로 밀린다. 앞바퀴가 허공에 걸친다. 떨어지기 직전,
지게차가 포크를 위로 끌어 올린다. 공중으로 붕 뜨는 차.
바닥이 훤히 보이는 도랑 위에 매달린 차. 에어백이 터진 차
안에서 겁에 질린 손실장. 시동을 끄고 지게차 문을 열고 나오는
투우.

투우	(씩 웃으며) 어, 무단 침입하셨네? 남의 영업장에.
손실장	(침착하려 애쓰며) 역시 터프하시네!
투우	소문 듣고 오셨어?
손실장	반포 큰손 한사장, 동탄 윤조합장, 통나무 구사장까지. 손이 아주 야무진데, 이렇게 길바닥 패싸움에 쓰기엔 좀 아깝지 않나요.
투우	아, 사생팬이야? 잘 가! (시동을 걸어 도랑으로 밀어붙이려고 하는데)
손실장	잠깐! (안주머니에서 명함을 꺼내 건네며) 이걸로 합의 보시죠.

차가 도랑으로 떨어질 듯 덜컹이다 멈춘다. '신성방역 실장
손 무'라고 써진 깔끔한 레터링의 명함을 흘긋 본 투우, 피식
웃는다.

투우   나 비싼데~ 괜찮겠어요?

24   조각의 집 앞 / 새벽

새벽 잿빛이 깔린 조각의 집 앞. 조각, 트레이닝복 차림으로
현관문을 열고 나선다. 잠시 숨을 들이쉬고, 주변을 둘러보는
조각. 그때, 마당 한켠에서 어제의 노견이 터벅터벅 달려나와
조각에게 다가온다. 꼬리는 힘없이 흔들리지만, 눈빛만은
반갑다.
조각, 잠시 노견을 내려다본다. 그러곤 천천히 대문 밖으로
걸어 나간다. 노견이 뒤따라오자, 조각은 발걸음을 멈추고
손가락으로 반대편 어딘가를 무심히 가리킨다.

조각   하룻밤 재워줬으면 됐지. 이젠 어디든 가.

노견은 멈춰 선 채 조각을 바라보다, 고개를 떨군다. 조각은 더

이상 돌아보지 않고 산 쪽으로 향한다.

25   공원 / 새벽

어슴푸레한 빛이 덮인 경사진 공원 숲. 조각이 뛰어오른다.
상당히 빠르다. 거친 숨을 내쉬며 나무들 사이로 오르막을
질주한다.
산비탈 위의 공터. 공원 운동기구들 앞에 선 조각. 군말 없이
팔굽혀펴기, 철봉, 윗몸일으키기 등을 한다.
정확하고 절제된 동작. 날이 서서히 밝아지기 시작하고, 저 멀리
조깅하는 사람들이 모습을 드러낸다. 조각, 땀에 젖은 얼굴을
닦고 아무 말 없이 숲속으로 다시 사라진다.

26   신성방역 앞 / 낮

좁은 골목길. 조각이 무표정하게 조용히 걸어나온다. 낮은
건물들 틈 사이로 '신성방역'이라는 간판이 보인다. 다다르려는
순간, 저 앞에서 웅성거림. 조각의 발걸음이 멈춘다. 50대
여자(이하, 홍여사)가 울부짖으며 관리인과 실랑이를 벌이고

있다.

남자	안 된다는데, 자꾸 왜 이러세요. 진짜.
홍여사	왜요. 벌레만도 못한 새끼 맞는데, 제발… 한 번만….

관리인이 홍여사를 잡아끌며 골목 밖으로 내몬다. 홍여사,
바닥에 주저앉아버린다. 조각, 그 모습을 잠시 바라본다. 얼굴엔
아무 감정도 없다. 억울한 아들 사연을 망연자실 중얼거리는
홍여사. 조각은 이내 차갑게 고개를 돌리고, 신성방역 안으로
들어선다. 홍여사의 울음이 골목 벽에 부딪혀 메아리친다.

27   신성방역, 홀 – 사무실 / 낮

홀 전체에 미묘한 정적이 흐르고 있다. 업자 몇 명이 각자의
테이블에 흩어져 앉아 있고, 바 테이블 정중앙엔 투우가 막
데쳐진 샐러드를 앞에 두고 심드렁하게 앉아 있다. 손실장은
와인을 따르고, 말은 계속하되 투우의 반응은 없다

손실장	…대놓고 과시적이던데. 나 좀 알아봐주쇼, 하는
	것처럼. 그것도 타깃 주위를 빙빙 맴돌면서

갉아먹다가 미쳐버리기 직전에 가장 고통스러운
방법으로 작업하신다고…. 그래서 별명도 투우고.

투우, 와인잔을 내미는 손실장을 무시한다. 그때, 문이 열리고
조각이 들어선다. 업자들, 일제히 자리에서 일어나 고개를
숙인다. 손실장도 정중히 묻는다. "식사는 하셨어요?" 조각은
눈길도 주지 않고 홀을 지나간다. 투우는 무관심한 듯 표정 변화
없이 샐러드를 한입 문다.

CUT TO.

조각이 초엽의 책상 위에 서류봉투를 툭 던진다. 초엽이 인상을
찌푸리며 서류를 꺼낸다.

초엽   …안 귀찮아요? 어플로 딱딱 하면 끝나는 건데.
           대모님만 유독 이래. (투덜) 어휴, 이걸 또 언제 다
           입력해…. (모니터의 지하철 사망 사고 기사를 띄우며)
           뒤처리는 꼼꼼히 했죠? CCTV나 목격자, 의심되는
           건 없으시고?
조각   (조용히, 뚫어지게 쳐다보며) ….
초엽   (화들짝) 아니, 그게, 의뢰인도 좀 그런 게, 조용한 데

뇨두고, 하필 그 사람 많은 데서 '보란 듯이' 방역해
달라니까.

조각　　　걱정 마. 밥벌레 취급당하기 전에 알아서 떠난다.

초엽　　　예민하시긴.

초엽이 약간 움찔한다. 그 순간 조각의 시선이 책상 위 또 다른
서류봉투에 닿는다. '不可' 도장이 크게 찍혀 있다.

조각　　　입구에 있던 그 여자 건이지?

초엽　　　아, 봤어요? (어쩔 수 없다는 듯 한숨) 홍여사라고.
　　　　　아들 하나 있는 게… 약혼한 여친이 약쟁이들한테
　　　　　공사당해서 집 몇 채 값 뜯기고, 중독 쇼크로 죽고,
　　　　　아들놈이 복수하러 갔다가 린치당해서 식물인간.
　　　　　증거 없고 다 무죄… (한숨) 진짜 돌 만한데,

직접 보겠다는 듯 서류를 집는 조각. 탁 잡아서 막는 초엽.
서류를 들고 자료실로 향한다.

초엽　　　여러 가지로 델리키트해서 손실장이 리젝했어요.
　　　　　됐죠? 글구, 건강검진 예약 잡아놨어요.

조각　　　　…!

54

초엽   이젠 절차도 지키래서.

조각의 표정이 조금 어두워진다. 쾅 닫히는 자료실 문.

CUT TO.

손실장 얘기를 들으며 초엽의 동선을 예의 주시하고 있던 투우.
지겹다는 듯 입을 뗀다.

투우   프롤로그 됐고, 본론 뭐냐니까.
손실장   한마디로 의미 없는 살인 말고, 명분 있는 방역에
            그 실력 좀 써보자는 거죠.
투우   방역? 뭐 벌레라도 잡으라는 건가?
손실장   그죠. 인류 사회를 좀먹는 바퀴 같은 존재들.
            그것들을 박멸하고 고통받던 선량한 사람들을
            구원하는 일이니까.
투우   아이고. 구원의 전당인가? (그대로 일어나고)
손실장   그냥은 못 가지.

손실장이 붙잡으려 하자, 투우, 손실장 목을 낚아채 바에
처박는다! 동시에 와인 오프너의 톱날이 손실장의 경동맥을

파고든다.

　　　투우　　　　응. 넌 죽이고 갈게.

업자들, 일제히 몸을 일으키고 날선 눈으로 다가온다. 투우는
업자들 수와 거리를 헤아린다. 한순간에 전투 모드로 긴장감이
팽팽해진다. 손실장이 업자들을 눈빛으로 말리며 투우를
회유한다.

　　　손실장　　　장난치면 다치시는데, 투우 씨.

오프너가 더 깊이 파고들 찰나, 투우가 갑자기 피식 웃으며
오프너를 내려놓고 양손을 번쩍 든다.

　　　투우　　　　일단 여기가 너무 진지한 데라는 건 알겠고….

갑작스러운 태세 전환에 의아해진 손실장, 보면, 투우의 귓속에
날카로운 비녀가 겨눠진 상태다.

　　　조각　　　　사람 가려 받아.

건조한 목소리에 투우 눈빛에 미세한 동요가 인다. 살짝
돌아보려는 투우. 그러자, 조각이 투우의 목을 바에 내리꽂는다.

손실장   제가 알아서 합니다, 대모님.

조각이 투우의 뒷무릎을 쳐서 꺾고 바닥에 무릎 꿇리고
돌아선다. 업자들이 달려들어 투우를 제압하고 목에 칼을
들이민다. 무력하게 바닥에 엎어진 투우. 멀어지는 조각의
뒷모습을 응시한다. 눈빛은 분하고, 어딘가 끌린 듯 복잡하다.
그사이 투우 앞으로 와서 쭈그리고 앉는 손실장.

손실장   업장에 발 들이면 목 따여야 나가는 거, 모르진
           않았을 거고.
투우   그럼, 죽여봐.
손실장   …왜 온 겁니까.
투우   찾는 인간 있어서.
손실장   누구?
투우   레전드.

흡족해하는 손실장. 업자들을 물린다. 투우가 자리에 앉자,
와인잔을 다시 내민다.

손실장   제대로 오셨네. 눈빛 좋다!

그제야 잔을 받아 한 모금 삼키는 투우. 구경하던 초엽이
피식대며 자료실로 쏙 들어간다.

투우   나쁘지 않네.

투우는 비녀가 스친 귀를 문지르며 조각이 사라진 방향을
응시한다. 속내를 알 수 없는 표정이다.

28   장병원, 진료실 / 낮

조용한 진료실. 모니터에 떠 있는 뇌척수액 검사 결과를
들여다보는 장명렬 원장(남, 60대, 이하 장원장). 맞은편 의자엔
조각, 묵직한 눈빛으로 앉아 있다.

장원장   (모니터에서 눈 떼지 않고 조심스레) 요즘 수족이

          떨리거나… 그러진 않고?

조각   (단호하게) 없어. 다 멀쩡해.

장원장   뇌척수액에 단백질 침전물이 좀 많이 나오는데…

조각, 눈썹이 미세하게 떨린다. 그러나 표정은 변하지 않는다.

조각   회사엔… 일단 말하지 말아주지.
장원장   그건 곤란하죠.

장원장 말에 조각이 차가운 눈빛으로 응시한다.

조각   그럼, 오늘 보는 게… 피차 마지막일 수 있겠네.

조각의 은근한 협박에 흔들리는 장원장 눈빛. 떨리는 목소리를
겨우 누른다.

장원장   다음 방역은 또 뭔가요. 무리하면 안 되는데.
조각   (한숨처럼 웃는다) 언제 있었나. 무리 아닌 게.
장원장   진짜 영 관두실 마음이 없네, 대모님은.
조각   쓸데없는 소리 말고, 진통제나 챙겨줘.

장원장, 작은 냉장고를 열어 라벨이 제거된 약을 꺼내 조각에게
건넨다.

스산한 골목길을 걷는 조각. 조금 떨어진 뒤쪽. 투우가
그림자처럼 조각의 뒤를 따른다. 기찻길 아래 굴다리로
들어서는 조각. 투우도 들어선다. 둘의 간격이 점점 좁아지는
듯하다. 기차가 바로 위를 지나가며 시끄러워진다. 굴다리
끝에서 거센 바람이 몰아치고 조각의 모자가 벗겨져 뒤로
날아간다. 본능적으로 뒤돌아 손을 뻗는 조각.

(소리)   어머니~

30   네일숍 앞 / 낮

네일숍 앞에 서 있던 30대 매니저가 조각에게 넉살 좋게
전단지를 건네고 있다.

매니저   저희 오픈 행사하거든요. 회원권 끊으시면 50%….
조각   …난 그쪽 어머니 아닙니다.

정색하고 뿌리치며 멀어지는 조각.

조용한 집 안. 루틴처럼 문을 닫고 들어서 물을 따라 마신다.
홀스터를 벗어 내려놓고, 옷을 정리한다. 냉장고를 열어보고,
식탁에 앉아 간단한 식사를 시작한다. 젓가락으로 반찬을
집다 손가락이 미세하게 떨리며 반찬을 떨어뜨린다. 조각,
잠시 내려다본다. 말없이 약통을 꺼내 알약 두 알을 입에 털어
넣는다. 거울 앞에서 화장을 지우는데, 뭔가 서글프다. 소파에
앉아 무표정하게 흑백 코미디 영화를 본다.

세차게 쏟아지는 빗줄기. 흐릿한 CCTV 화면에 초엽이 문을
잠근 후 퇴근하는 모습이 보인다. 구석에서 나타나는 실루엣.
변압기 전선 커버를 열고, 날카로운 칼날로 툭툭툭. 마지막 선
하나를 끊는 순간, CCTV 화면이 툭 꺼진다. 어둠에 가려진
환풍기. 검은 장갑을 낀 손이 조용히 나사를 돌린다. 철판이
벗겨지고, 좁은 틈 사이로 검은 몸이 스르륵 빨려 들어간다.
투우의 잠입이 시작된다.

다용도실 환풍기를 뜯고 잠입한 투우. 초엽 사무실을 거쳐 자료실로 들어간다. 내부는 수십 개의 서류 박스, 선반, 문서들로 가득하다. 그 사이를 빠르게 훑는 투우. 하지만 정보는 너무 많고, 구조는 정리되어 있지 않다. 문득, 구석 한켠에 세워진 낡은 철제 캐비닛이 눈에 들어온다. '사장님', '사모님'이라고 적혀 있다. 투우가 다이얼을 띠릭띠릭– 돌려보는데 고장났는지 헛돈다. 손잡이를 툭 당겨보니 의외로 그냥 열린다. 덜컹– 문을 여는 순간, 먼지와 곰팡이 냄새가 확 피어오른다. 재채기가 에취– 터져나온다. 안에는 낡은 자료들이 겹겹이 가득하다. 타이틀 시퀀스에 나왔던 여러 위조 신분증에서 조각의 얼굴을 확인하는 투우. 제대로 찾은 듯 파일 하나하나 살펴본다. 마침내 발견한 한 파일. '1998년 4월 10일'에 배종선의 시신 사진, 생존자 아이 관련 기사들이 보인다. 자리에 앉아 자세히 살펴본다. 업자 정보 중 코드명 '조각'을 확인하는 투우. 표정이 바뀌며 나지막이 중얼댄다.

투우　　　　…이제 당신을 어떻게 해야 할까.

침대에 누운 조각. 창문 빗자국 그림자가 이불 위로 일렁거린다.
정적 속에 들리는 간헐적인 개의 신음 소리. 쉬 잠들지 못하는
조각. 결국 짧은 한숨을 내쉬고 몸을 일으켜 창밖을 내다본다.

CUT TO

잠시 후, 현관문이 열리고 흠뻑 젖은 노견을 수건으로 감싸안은
조각이 들어온다. 거실에 내려놓고, 수건으로 물기를 털어준다.
노견이 꼬리를 흔들며 좋아한다.

> **조각**   (차갑게) 먹이고 재워는 줄게. 그 이상은 바라지
> 마라.

노견, 바짝 다가앉는다. 조각, 그걸 밀어내지 않고 그대로 앉은
채 멍하니 바라본다.

(INS) 어둠 속, 꺼져 있던 CCTV 화면이 번쩍 켜진다. 바로 이어
골목의 가로등들도 다시 켜진다. 부아앙- 거친 엔진음을 남기고
골목 어귀로 빠져나가는 투우의 오토바이.

36   노인의 집 / 낮

남루한 거실. 널브러진 식판들 사이에 엎어져 껄껄대는 뇌병변
장애 노인(남, 80대). 뼈만 남은 손으로 바닥을 더듬으며,
누군가를 애타게 부르고 있다.

    (보호사)   아 지독한 노인네. 어따 숨겨놓은 거야.

안방에서 문갑을 뒤지고 있던 요양보호사(여, 40대)가 노인의
신음 소리에 짜증난 듯 휙 고개를 든다.

    보호사   그냥 조용히 처먹지. 왜케 시끄러!

노인, 겁에 질린 눈으로 국부를 가리킨다. 대소변을 지린 채,

발작처럼 온몸을 떨고 있다.

　　보호사　　아 냄새! 아, 지겨워!

질끈 화가 난 보호사, 바지를 내려 기저귀를 확 벗기고, 노인의 턱을 들어올려 입속에 처넣는다.

　　보호사　　왜 사냐, 왜 살아!!!

질식할 듯 신음하는 노인. 보호사는 그대로 노인을 질질 끌어다 욕조에 처넣는다. 얼굴 위로 차가운 물을 확 틀자 노인이 비명을 지른다. "으아아아아!"

　　보호사　　(씹던 껌을 이마에 붙이며) 똥오줌 싼 벌이야.

다시 방에 들어가 문갑을 뒤지는 보호사. 문득, 발견한 낡은 반지 케이스. 금반지 2개가 있다. 신나게 깨물어 확인하고 품에 챙겨 넣는 보호사. 그사이 찬물 속에 의식을 잃어가는 노인.

훔친 옷을 세네 겹 껴입고 현관문을 나서는 보호사. 걸음은 빠르고, 표정은 들떠 있다. 그러다 문득 멈춰 서서 "이래도 되는 걸까…"라고 멍하니 중얼댄다. 잠시 미묘한 침묵. 그러다 입꼬리를 씩 올리며 툭 내뱉는다. "헤헷. 되네, 아주 잘돼."

차 문을 열고 운전석에 올라타는 보호사. 손가락을 쫙 펴본다. 금반지 2개가 반짝인다. 뿌듯해하는데 문득 블랙박스에서 빠진 전원선이 보인다. "어라, 이게 왜 빠졌대?"라며 전원선을 다시 끼우려는데, 스윽 뒷좌석에서 나타나는 검은 그림자. 장비다. 서늘한 도끼날이 보호사 목덜미에 닿는다.

보호사	아악! 누구세요?
장비	조용히 출발해.
보호사	왜 이러세요? 선생님, 살려주세요. 다 할게요, 시키는 대로!
장비	그 노인들도 니가 시키는 대로 다 했을 텐데, 왜 죽였어?
보호사	죽이긴 누굴 죽여요? 그 박경복 할머니요? 다 경찰에서 무혐의 처리된 건데요. (장비 반응 살피며)

혹시, 양봉출…?

장비	(헛웃음) 차라리 경찰한테 벌을 받지 그랬냐.

보호사	…?

장비	출발해.

잠시 후, 보호사의 차가 주택을 빠져나간다.

## 38	효령건설, 복도 / 낮

댕- 엘리베이터가 열리고, 투우가 나선다. 날렵한 슈트 차림에
보자기로 싼 선물을 들고 있다. 비서실장(남, 40대)이 막아서며
투우 몸 위로 스캐너를 훑는다. 삐릭- 소리에 보면 고급
손목시계다. 명함을 들고 매서운 눈초리로 살피는 비서실장.

비서실장	생각보다 젊은 분이 오셨네.

싱긋 미소 짓는 투우. 비서실장의 고갯짓. 여비서가 보자기를
풀어보면 굵고 싱싱한 산삼 뿌리가 보인다. 여비서가 회장실
인터폰을 누른다.

여비서   조앤유에서 보낸 변호사분, 도착했습니다.

(심회장)   (못마땅) 뭐? (낮은 한숨) 들여보내.

39   효령건설, 회장실 / 낮

여비서 안내로 들어서는 투우. 작은 분재들이 정렬된 진열장이
보인다. 심회장(남, 60대)은 전지가위로 손질 중인 분재에서 눈을
떼지 않는다.

여비서   (투우에게) 커피 괜찮으셔요?

투우   전 됐습니다.

심회장   (여전히 보지 않고) 난 한 잔 더.

여비서   네. (나가고)

투우가 탁자에 선물을 내려놓고 소파에 앉는다. 여전히
돌아보지 않고 말을 잇는 심회장.

심회장   약속보다 10분이나 빨리 와? 나 분초 단위로
            움직이는 사람이라고, 조두현이가 사전 교육 안
            했나? (고개 들며) 생각보다 경우가 없네, 그 인간⋯.

문득, 소파는 텅 비어 있고, 바닥엔 구두끈이 벗겨진 한쪽 구두만 보인다. 심회장이 혼란스러운 눈으로 둘러보는 순간, 확- 구두끈이 목뒤에서 조여든다. 비명 소리도 못 낸 채 가위를 떨어뜨리고 버둥거리는 심회장. 유리에 비치는 투우의 차가운 얼굴. 심회장이 가위를 향해 손을 뻗는데, 투우가 비웃듯 차 버린다. 고통에 신음하며 목에 손을 가져가지만 더욱 팽팽히 파고드는 끈. 책상 밑 비상벨을 향해 손을 뻗는 심회장. 순간 투우가 발로 콱 밟아 팔걸이에 고정시킨다. 뚝- 손등 뼈 부러지는 소리. 막힌 비명 소리. 심회장이 다른 손으로 끈 틈 사이로 손가락을 넣어보려 하지만, 틈이 없다. 그러자 손을 뒤로 휘저어본다. 투우의 옷자락에도 닿지 않는다. 한편, 육중한 문 너머 비서실. 여비서가 커피를 타고 있을 뿐, 안쪽 상황을 알지 못한다. 심한 발버둥에 암체어가 옆으로 끌려간다. 발길질로 어떻게든 소리를 내려 하고, 의자 밖으로 몸을 굴러보려 하지만, 불가능하다. 둔탁하게 밀리기만 하는 구두굽.

40   효령건설, 엘리베이터 / 낮
___

엘리베이터 안에서 천천히 구두끈을 묶는 투우. 뒤늦게 희미하게 들리는 여비서의 비명 소리.

INS. CCTV 관제실의 두 직원은 재갈을 문 채 실신해 있다.

41   철길 건널목 / 밤

철길 건널목. 가로등 하나 없는 어두운 시골 도로. 차 한 대가
조용히 선로 위에 멈춰 선다. 차 안에서 무언가 버둥거리는
소리. 흔들리는 차. 입이 막힌 운전석의 보호사가 마취를
당하지 않으려 몸을 비튼다. 하지만 이내 고꾸라지듯, 고개가 축
처진다. 운전석 문이 열리고, 장비가 나와 주변을 둘러본다.
바람 소리만 들리는 허허벌판. 가로등도 없고, CCTV도 없다.
빈 술병을 조수석에 던져놓고 운전석 문을 닫는다. 장비가
시계를 보며 철길 쪽을 바라보자, 철길 경고음과 함께 멀리
기차 소리가 들리고 차단기가 내려온다. 장비가 차에서 멀어져
사라지는데, 문득 반대편에 도착하는 자전거 한 대. 누군가
멈춰 선다. 멈칫 놀라 돌아보는 장비. 건너편에 여고생 한 명이
나타나 손을 드는 것이다.

(여고생)   아빠~
장비   어… 은호야…?

70

딸에게 들킨 듯 어쩔 줄 몰라 하는 장비. 그때, 기적이 울리며
다가오는 기차. 의아한 표정의 여고생이 손을 들어 라이트를
막으며 차를 살피는데, 핸들에 엎어진 보호사가 보인다. 장비가
아니라는 듯 손을 흔들어 부정하며 다가선다. 그사이 기차가
빠앙- 기적을 울리며 불꽃을 일으킨다. 장비와 보호사를
번갈아 보던 여고생이 놀라 입을 가린다. 순간 콰앙! 차를 박고
지나가는 기차. 칸 사이로 드러나는 얼굴은 은호가 아닌 다른
아이다. 꺄악! 비명과 함께 뒤돌아 도망치는 여고생. 사색이
되는 장비.

42 여자의 집, 거실 / 밤

조명이 꺼진 거실에 장중한 음악이 흐른다. 미세하게 떨리는
손가락 사이로 칼날이 스윽 미끄러져 들어간다. 잠시 후 거실을
지나 욕실로 향하는 카메라. 유유히 걸어나오는 실루엣을 스쳐
욕실로 향한다. 욕실 거울 속에 욕조에 엎어진 채 팔을 늘어뜨린
한 여자의 시체가 보인다. 자세히 보면, 욕조 밖으로 늘어뜨린
손에 손가락이 남아 있지 않다. 톡톡 바닥에 떨어지는 핏방울.
실루엣이 휴대폰 앱으로 시체 사진을 전송한다.

43   도로 / 밤

고급 주택가를 돌아 나오는 한 오토바이 뒤로 펑- 폭발음과
함께 화염이 치솟는다. 큰 도로에 합류하는 오토바이. 투우가
휴대폰을 도로에 내던진다. 바닥에 나뒹굴며 차 바퀴들
사이에서 산산조각 난다.

44   조각의 집 / 낮

현관문이 열리며 조각이 들어선다. 운동복 차림. 얼굴엔 땀이
맺혀 있다. 부엌으로 향하는데, 노견이 기다렸다는 듯 일어나
조각의 바짓단에 매달린다. 인상을 찌푸리는 조각.

조각   왜 이래. 아침부터 정신 사납게.

노견이 계속 혀를 내밀며 꼬리를 흔든다. 조각이 돌아보면
거실 한켠, 텅 빈 밥그릇이 보인다. 한숨이 나온다. 부엌으로 가
밥솥에서 남은 밥을 뜨며 중얼거린다.

조각   너도 내 나이 돼봐라. 깜박깜박하지.

밥그릇을 내려놓자 노견이 고개를 박고 먹기 시작한다.

조각   허긴, 개 나이로 치면 너나, 나나….

말없이 서 있다가 문득 노견의 등을 한번 쓰다듬는다.

45   마트 / 낮
____

선반 앞에서 개사료를 고르고 있는 조각. 작은 TV에서는 뉴스가
흘러나오고 있다.

(기자)   …목격자에 따르면 범인은 이곳 교차로에 차를
             정차시키고, 열차가 오는 걸 알면서도 의식이 없는
             피해자를 방치한 채 혼자 내렸습니다.

계산대에 사료를 올려놓는 조각. 가게 주인(남, 50대)은 뉴스에
한참 열중해 있다.

가게 주인   만 오천 원입니다.

돈을 건네고 잔돈을 받는 사이 TV 소리에 신경이 쓰이는 조각.

(기자)　　…이후 용의자는 목격자를 쫓아 인근 지구대

　　　　　앞까지 왔다가 도주했습니다. 경찰은 이 사건을

　　　　　자살로 위장한 타살 사건으로 추정, 공개수사로

　　　　　전환하고 50대 중반으로 추정되는 용의자의 신원

　　　　　확보에 주력하고 있습니다….

화면에 지구대로 뛰어드는 여고생이 보이고, 이어 추격하다
주춤 멈춰 서는 한 남자의 실루엣이 보인다. 경찰이 지구대
밖으로 뛰쳐나오자 황급히 사라지는데, 딱 봐도 장비다. 표정이
굳는 조각.

46　　신성방역, 사무실 + 조각의 집 / 낮

초엽이 모니터에 띄워진 각종 기사와 SNS, 커뮤니티 댓글을
빠르게 훑고 있다. '열차 살인', '경찰 추적 중' 등의 키워드가
도배 중이다. 손실장은 굳은 얼굴로 조각과 통화 중이다.

손실장　　방역에 평생을 바친 분을, 이렇게 불명예스럽게….

저라고 맘 편하진 않죠. 그래도 자갈 하나에 차가

뒤집어지는 거 아니겠습니까? 원칙은 원칙이죠.

(조각)   …내가 할게.

손실장   네? 그래주시면야 감사하지만….

초엽   근데 대모님, 어떻게 찾으시게요?

(조각)   그놈 갈 데가 뻔하지.

툭- 스피커폰의 전화가 끊긴다. 손실장이 잠시 생각에

잠기는데, 초엽이 노파심을 표한다.

초엽   …괜찮을까요? 그 '세월의 무게'.

때마침 들어오는 투우. 갑자기 말문을 닫는 손실장과 초엽.

투우   앓던 이를 뽑아 왔는데…. 나 기다린 건 아닌 거

          같고.

손실장   아, 어땠어요?

투우가 선물 포장을 올리고 소파에 털썩 앉는다. 초엽이 포장을

풀어 상자를 열어본다. 매니큐어가 칠해진 손마디를 포함해 28

마디가 가지런히 놓여 있다. 깜짝 놀라 움찔하는 초엽.

초엽	미친! 반지를 수거하랬더니 손가락을 다
	가져왔네?!!
투우	스물여덟 마디! 맞는지 체크.
손실장	(흐뭇해한다) 맞겠지. 누가 뽑았는데.
초엽	실장님!
손실장	투우 씨, 우리 얘기 좀 할까요. 등대로 붙을 일이
	하나 있는데.

투우가 흥미롭다는 듯 손실장을 따라 방으로 들어가고, 초엽은
진저리 치며 상자를 닫고 자료실 냉동칸으로 옮긴다.

47   납골당 / 밤

불 꺼진 납골당. 직원이 문을 잠그고 돌아 나간다. 적막 속에서
스윽 나타나는 실루엣. 장비다. 안쪽으로 사라진다. 조심스럽게
유골함 하나를 열어 사진 액자를 어루만지는 장비. 속삭이듯
"은호야…"라고 탄식한다. 그 순간, 그 뒤로 또 다른 그림자가
보인다. 조각이 무겁게 서 있다. 인기척을 느끼는 장비.

장비	대모님이 거두러 오셨소? 영광이구만.

조각   왜 그랬어.

장비   은호가 보입디다.

조각   은호는 죽었어. 한참 전에.

장비   …우리 은호가 그 교회만 안 다녔다면 말야. 세상에

          화도 안 났을 텐데. 그럼 내 인생도 달라졌겠죠?

조각   길이 있어서 걸은 거야. 살고 죽는 게 뭐 대단한 게

          있어.

조각이 품에서 칼을 꺼내려고 한다. 장비가 체념한 듯 묵념을
한다.

장비   …좀만 시간을….

잠시 추모하는 척하더니, 액자를 휙- 조각 얼굴에 날린다.
조각이 반사적으로 쳐내는 사이 조각을 밀치고 후다닥 뛰어
밖으로 사라지는 장비. 조각, 숨이 거칠어지며 경련이 시작되는
팔을 틀어쥔다.

시골 외곽 도로를 질주하는 장비의 차. 연신 뒤를 살피는 장비. 아무도 없다. 숨을 몰아쉬며 안도한다. 그때 멀리서 헤드라이트가 도로를 가르며 등장한다. 조각이다. 이를 앙다무는 장비. 액셀을 깊게 밟아 속도를 높인다. 허나, 서서히 간격을 좁혀 오는 조각의 차. 두 대의 차, 어둠 속에서 위험한 줄다리기를 한다. 핸들을 쥔 조각의 손이 떨려온다. 손목을 콱 다잡는데, 멀리 나들목 쪽에서 바이크 한 대가 나타난다. 강렬한 헤드라이트가 앞서는 장비의 시야를 덮친다. 식겁한 장비가 급히 핸들을 꺾어 나들목 삼거리의 오른쪽 도로로 들어선다. 뒤이어 조각의 차를 향해 돌진하는 의문의 바이크. 조각은 다급히 왼쪽 도로로 핸들을 꺾어 바이크를 피한다. 두 차를 아슬아슬하게 스쳐 지나가는 바이크. 그 탓에 갈림길로 흩어진 두 차. 백미러로 사라지는 바이크의 꼬리를 잠시 응시하는 조각. 뭔가 불길하지만 당장은 장비가 급하다. 한편, 다행히 간격을 벌린 장비, 뒤를 살피는데, 쫓아오던 조각의 차가 사라지고 없다. 안도하며 질주하는데, 그 순간 합류하는 도로에서 갑자기 튀어나와 장비의 차 옆구리를 들이받는 조각의 차. 타이어가 들리고 핸들이 돌아간다. 불꽃 튀는 프레임 속에 난간 너머 비탈 아래로 뒤집히며 굴러떨어지는 장비의 차. 도로에 멈춰 선 조각,

78

숨을 고르며 차 밖으로 나선다.

조각의 차가 제방 아래에 선다. 차에서 내려 칼을 뽑는 조각.
뒤집힌 장비의 차가 보인다. 차 밖으로 반 정도 팅겨 나온
장비가 엎어져 있다. 다가서는 조각. 장비 머리에서 피가 흐르고
있다. 코에 손을 대보는데, 숨결이 없다. 흔들리는 눈빛의 조각,
칼을 접고 장비를 차에서 빼내기 시작한다. 순간, 탁! 조각의
발을 낚아채는 손길. 그 바람에 뒤로 넘어지는 조각. "흐억!"
등에 돌이 박히자 옆으로 구르며 신음을 내뱉는다. 재빨리
일어나 바닥에 떨어진 도끼를 주워 들고 조각의 목에 칼을
들이대는 장비.

장비　　　…그냥 가라구요. 제발!
조각　　　날 죽이고 가보든가.

순간, 퍽! 옆에 놓인 돌멩이로 장비의 머리를 타격하는 조각.
장비가 나뒹구는 사이 재빨리 일어나 칼을 뽑는 조각. 장비가
도끼를 휘둘러대고, 조각도 맞서기 시작한다.

장비   내가 못 죽일 거 같아요? 못 죽일 거 같냐고오오!

흥분해서 달려드는 장비를 피해 배와 허리를 찌르는 조각.
장비가 도끼를 떨구고 주저앉는다.

조각   흥분하면 안 된다고 했지? 시야가 반은 준다고!
장비   몰라? 다 누님처럼 그렇게 냉정하게는 못 사는
           거라고!

고개를 번쩍 든 장비가 조각을 붙잡고 뒤집힌 차에 던져버린다.
처박힌 조각에게 도끼를 내려찍는 장비. 겨우 피하며
엎치락뒤치락 끝에 조각이 장비 위에 올라타 칼을 들고 처분을
내린다.

조각   감정에 휘둘리다 일을 망쳤으니 넌 룰에 따라
           죽는다!

조각이 일격을 날린다. 허나, 장비가 손바닥으로 칼을 막고 차의
호스를 당겨 오일을 흩뿌리고, 시야가 가려진 조각을 조각 차의
본네트로 밀쳐내 목을 짓누르기 시작한다. 발버둥 쳐보지만
꼼짝 못하는 조각.

장비   미안한데, 나 진짜… 이번만 하고 관두려고 했어.

         재혼해서… 치킨집 차리고… 꽃이나 키우고 살려고

         했다고요! 그러니까….

장비의 무게에 눌려 정신이 점점 아득해지는데…. 헉! 갑자기
목을 누르던 장비의 손에 힘이 풀리며 무릎이 꺾인다. 그 너머로
장비의 등을 칼로 찌른 투우가 보인다! 놀라는 조각.

투우   지루해서 죽는 줄 알았네.

투우가 비틀대는 장비를 향해 숨통을 끊으려 다가서자, 조각이
팔을 낚아채 막아선다.

조각   누구야, 너.

투우   우리 본 적 있는데?

조각   (그제야 알아보고) 비켜. 내 일이야.

투우   내 일이기도 해.

조각   손실장이 보냈어?

투우   본인 일을 똑바로 하셨으면… 이렇게 나설 필요도

         없었지.

서로 만만치 않다. 허나, 투우의 완력에 밀리는 조각. 투우의
칼날이 점점 장비에게 가까워진다. 팽팽하게 맞서는 와중에
투우가 조각을 빤히 바라본다.

투우   머리도 셌고 주름도 지고. 벌써 이렇게 늙으면
           어떡해?

투우가 안타까운 표정으로 바라보는데, 타탓- 조각이 투우를
제압하고 칼을 빼앗아 던진다. 조각이 다가가 얼굴을 마주하자,
고통스럽게 숨을 몰아쉬는 장비.

장비   갈 때 되면… 그리웠던 사람이 마중 나온대잖아.
           우리 딸이… 이제 됐다고, 아빠 할 만큼 했다고
           마중 나왔나 봐. (덜덜 떨리는 조각의 손을 보며)
           누님도 애썼어. 얼마 안 남은 것 같은데… 곧
           보자고.

하더니 확 조각에게 달려든다. 빠르게 반응하며 칼을 내지르는
조각. 그 칼에 몸을 맡겨버리는 장비. 심장을 찌른 조각의 칼.
픽 거꾸러지는 장비. 당황스런 조각 너머로 무심히 칼을 챙겨
사라지는 투우.

투우   그럼, 마무리는 알아서. 그쪽 일이시니까.

붉어진 눈으로 장비의 눈을 쓸어내리는 조각. 심호흡 후 이내
무표정해진다.

CUT TO.

장갑에 덧신을 신은 조각. 보디백을 힘겹게 트렁크에 싣고,
장비의 신발로 사고 후 도주한 것처럼 알리바이를 만든다.
삽으로 땅을 골라 피를 덮고, 옷 조각과 머리카락 한 올까지
수거한다. 일순간 눈앞이 희미해지며 휘청한다. 등을 펴는데
찾아오는 격한 통증. 차 옆에서 등을 찢은 돌을 찾아낸다. 피가
묻어 있다. 트렁크가 쾅 닫히고, 출발하는 조각의 차. 투우가
멀리서 한심한 듯 보고 있다.

50   도자기 공방 / 밤

최반장의 공방 앞에 멈춰 서는 조각의 차. 대기하던 최반장이
트렁크에서 보디백을 꺼내 옮긴다.

최반장　　드럽게 무겁네.

조각　　영혼이 사라졌으니까.

최반장　　(아 그런가 싶다가) 그럼 더 가벼워지는 게 정상

　　아녀?

화구 트레이에 올려지는 보디백. 지퍼를 내리면 장비다.

최반장　　오메, 이렇게 또 오랜 친구 하나를 떠나보내네.

조각　　지 명줄이 여기까진걸.

최반장　　참 정이 없어.

이어 검은 봉투에서 장비가 신던 가죽 신발을 꺼내며 혀를 차는
최반장.

최반장　　흐미… 나가 꺼죽은 잘 안 탄다 혔어, 안 혔어요.

　　(피 묻은 돌을 올리며) 뭐여, 이것은 전연 안

　　타부는디?

조각　　지천이 돌인데, 대충 지져서 뿌려.

최반장　　징허네. 이건 청구서를 따블로 올려야겠소잉.

장비의 시체와 신발, 조각의 혈흔이 묻은 돌까지 소각로로

들어간다.

최반장　　근디 초엽이 갸는 삯을 무슨 나락 털대끼

　　　　　　후려칭게…. 옛날 류선생 땐 아조 깔끔혔는디…. 안

　　　　　　그려요?

조각　　　(말 자르며) 또 연락할게.

돌아서 나가는 조각의 자세가 불안정하다. 점퍼 등에 배어 나온

핏자국이 살짝 보이는 듯.

최반장　　아이고, 세월에 장사 없다고. 대모도 인자 쉴 때도

　　　　　　되았제.

잠시 돌아보더니 이내 나가버리는 조각.

51　　　**도로, 차 안 / 밤**

(소리)　　전원이 꺼져 있어 소리샘으로 연결됩니다.

장원장 이름의 부재중 기록이 뜬 휴대폰 화면. 또 연결 실패다.

점점 힘겨워지는 조각. 빠르게 움직이는 와이퍼 사이로 눈비가
흩날리고 전방 시야가 흐릿하다. 위태롭게 차선을 넘나드는
조각의 차. 빠앙- 맞은편 차가 하이빔을 켜며 경적을 울리자
가까스로 피한다. 식은땀을 흘리며 감겨오는 눈을 치뜨는 조각.

52   (과거) 골목, 차 안 / 밤

차창 너머의 저택에서 초점이 이동하면 긴장한 눈빛으로
잠복한 류가 보이고, 손톱이 급하게 올라탄다.

손톱	선생님, 또 안 받아요. 그만 가시죠.
류	저놈 내일이면 홍콩으로 떠. 오늘 놓치면 끝인 거
	몰라?
손톱	무슨 일 생겼으면요. 종일 집에 연락이 안 되는데….

심란한 듯 잠시 생각에 잠기는 류. 이때, 다가오는 차의
헤드라이트에 고개를 돌려 얼굴을 숨기는 둘.

갓길에 멈춰 서는 차. 조각이 대시보드에서 알코올과 의료용
스테이플러를 꺼낸다. 점퍼를 벗고 옷을 올려 환부를 본다.
룸미러에 찢긴 상처가 보인다. 알코올을 뿌리자 신음이 터진다.
티칵티칵- 스테이플러로 환부를 봉합하려 하는데 닿지 않고
심이 빗나간다. 지혈을 위해 점퍼를 둘러 가슴 압박을 한다.

54   **도로, 차 안 / 밤**

동네로 들어서는 조각의 차. 이를 앙다문 조각. 길가에 큰
병원이 보이는데도 그냥 지나친다. 아슬아슬하게 교차로를
통과한다. 붉게 물든 시트와 운전석 밑으로 뚝뚝 흐르는 피가
보인다. 시장가를 지나 집이 가까워지는데, 조각의 의식이
흐려지면서 차가 점점 느려진다.

(조각)   절대 칼끝에 사정을 두지 말라고 했지. 상대가
            누구든 말야. 남의 얘기 듣느라 흐물거리니까 결국
            이런 꼴로 당하잖아.

주문처럼 중얼거려 스스로를 다잡는 조각. 그 목소리가 류의
목소리로 이어진다. 조각이 조수석을 돌아보면, 옆에서 혀를
차고 있는 류. "명심해. 총으로 나비를 쏘지 마라." 그 순간,
쾅광! 결국 도롯가의 연석을 들이받는 차. 조각이 핸들에
머리를 박으며 경적이 울린다. 차 문을 열고 밖으로 나와 바닥에
쓰러지는 피범벅의 조각. 그 너머로 불 켜진 동물병원 간판이
흐릿하게 보인다.

55　　　　**(과거) 류의 집 / 밤**

차 문이 벌컥 열리며 손톱이 튀어나온다. 집 마당으로 뛰어들어
다급히 현관문을 여는데, 이미 문이 살짝 열려 있다. 불길함이
스친다. 손톱, 칼을 뽑고 류에게 경고 손짓을 한다. 거실 안.
쓰러진 식탁. 깨진 바닥에 흩뿌려진 핏자국이 보인다. 서둘러
안방으로 향하다 멈춰 서는 손톱. 손잡이가 뜯겨 있다. 방을
보며 얼어붙는 손톱. 따라 들어온 류가 손톱을 지나쳐 방으로
들어간다. 아내와 아들이 쓰러져 있다. 방충망이 뜯겨 있고,
창문 아래로 탈출을 시도한 흔적. 잔혹하다. 류가 말없이 가족을
보듬는다. 울먹이며 주저앉는 손톱. 엎드려 흐느낀다.

손톱   내가 집어치우고 오자고 했잖아요. 왜….

56   동물병원, 수술실 / 새벽

희미한 소음 속에 화면이 서서히 밝아진다. 어딘가 생경하다.
홑겹 이불 한 장 아래 모로 누운 채 어지러움 속에 주변을
살피는데 팔에 꽂힌 링거가 보인다. 가슴에 손을 대니 홀스터
대신 붕대만 만져질 뿐 허전하다. 당혹스럽게 몸을 일으키는데
지그시 어깨를 누르는 누군가.

    (강선생)   움직이지 마세요. 임시방편으로 처치한 거라….

뒤에서 들리는 낯익은 목소리. 순간, 링거를 당겨 벽에 깨고
강선생 눈에 들이댄다. 아는 얼굴이다!

    조각   무슨 수작이야!
    강선생   (침착하게) 급정거 소리에 봤더니 차 한 대가
              도롯가에 서 있더라고요. 혹시 해서 봤는데
              어르신이 계셨고, 병원은 절대 안 된다면서
              기절하셨어요.

조각   …. (기억이 나지 않아 당황한 듯 침묵한다)

강선생   우측 활배근에 창상을 포함한 열상 10센티
          상처인데, 장기 근처라 조금만 깊었어도 지금 저 못
          보셨을 겁니다. 피가 옷에 다 들러붙어서 가위로
          자른 건 양해해주시고요.

조각   내 물건은?

강선생   잘 모셔뒀습니다.

강선생이 시선으로 한쪽을 가리킨다. 깔끔히 개어진 점퍼, 그
위에 칼이 든 홀스터가 놓여 있다. 이때, 강선생이 덥석 조각의
손을 잡아 내리고, 서둘러 솜과 붕대로 처치해준다.

강선생   이러시면 안 돼요. 안 그래도 출혈이 큰데….

조각   오늘 일은 다 잊어.

조각이 경계하며 노려보자 강선생이 낮게 속삭인다.

강선생   네. 각자 사연이 다 있는 거죠.

조각   …. (말없이 바라보는데, 상처를 치료해주던 류와의
          과거가 스친다)

강선생   곧 간호사들 출근합니다. 입으시죠.

카디건을 건네고 수술실 밖으로 나가는 강선생. 옷을 챙겨
입으며 강선생을 노려보는 조각.

57   동물병원 앞 / 새벽

건너편에서 지켜보고 있는 투우. 뒷문으로 나온 조각이 차에
올라타 사라지는 것이 보인다. 곧이어 정문을 벌컥 열고 나오는
강선생. 약봉지를 든 채 조각이 사라진 쪽을 잠시 바라본다.
한숨을 내쉬고 들어가는 강선생. 끝까지 지켜보는 투우의
불온한 응시. 눈빛이 서늘하다.

58   동물병원 / 새벽

수술실에 와보면 조각의 흔적은 사라졌고, 홀스터가 있던
자리에 지폐 몇 장이 놓여 있다. 깨진 유리를 조심스럽게 쓸어
담는 강선생. 문득 뭔가 떠올랐는지 데스크의 모니터 앞에
앉는다. CCTV를 돌려 조각의 영상을 찾더니 잠시 보다가 삭제
버튼을 누른다.

문이 닫힌 고요한 집. 의식을 잃고 쓰러져 있는 조각. 피로와 출혈로 의식을 잃은 상태. 햇살이 커튼 틈으로 스며들고, 조각의 얼굴 위로 고요한 숨결만이 느껴진다. 노견이 걱정되는 듯 조각 주변을 서성인다.

60 　**신성방역, 사무실 / 낮**

"산간 도로에 버려진 차량. 내부엔 피 묻은 흔적. 수배 중…" 등의 뉴스 속보가 초엽의 모니터에 떠 있다. 장비의 사고 차량이 발견되었고, 용의자가 도주했을 걸로 추정되는 기사다. 조각에게 전화를 걸다가 내려놓는 초엽. 걱정스러운 표정으로 시계를 보는데 손실장이 나온다. 투우는 홀 소파에 앉아 책을 읽고 있다.

손실장　　안 받아요?

초엽　　　이상하네. 원래 칼인데….

손실장　　투우 씨, 잘 끝냈다며?

투우　　　응. 최고던데? 구경만 하다 왔지.

손실장	이 양반 중간에 사고라도 났나.
초엽	아뇨. 최반장 아저씨는 뒤처리까지 잘했다
	그러고…. (모니터에서 조각의 동선 GPS 기록과 체류
	시간 등을 체크하고) 근데, 이상한 게 여기. (로드뷰
	사진 띄우며) 동물병원서 2시간 머물렀네요.
손실장	뭐야. 대모님, 집사예요?
초엽	에이, 설마요. 지킬 건 절대 안 만드는 양반인데.

말도 안 된다는 듯 무시하는 초엽. 투우는 지루하다는 듯 읽던 책을 덮고 일어나 밖으로 나선다.

61   조각의 집 / 낮

노견이 조각의 품을 파고든다. 드디어 잠에서 깨는 조각. 괴로움에 찬 숨을 내쉬며 힘겹게 몸을 일으킨다. 문득, 이상한 냄새. 부엌 쪽에서 나는 소리가 조각을 경계하게 만든다. 방문을 열고 나가본다. 투우가 가스레인지 앞에서 태연하게 요리를 하고 있다. 놀란 조각.

조각	뭐야, 너. 어떻게 들어왔어.

투우   문 열고 들어왔지. 식사 안 하셨지?

조각   뭐하는 짓이냐고!

투우   잠깐만. 전복죽 다 됐어.

날카로운 조각의 추궁에도 아랑곳없이 투우가 불을 끄고
냄비를 식탁 위로 옮긴다. 뚜껑을 열자 수증기가 확 퍼진다.
그릇에 죽을 옮겨 담고 반찬을 챙기는 투우.

투우   냉장고에 김치 쪼가리밖에 없고, 대체 뭘 먹고 사는
         거야? 자, 얼른 뜨셔. 내장도 갈아 넣어서 먹을 만할
         거야.

조각이 다가온다. 죽 그릇을 탁 잡는다. 투우도 긴장하는데,
그릇을 들어 그대로 개수대에 부어버린다. 투우, 표정이
일그러지지만 담담한 척한다.

조각   나가. 회사엔 알아서 연락할 테니까.

투우   장비랑 가족 같은 사이였다며. 어려운 일 도와준
         동료한테 너무한 거 아닌가.

조각   동료는 내가 정해. 너 같은 백정놈이 무슨.

잠시 침묵. 포기한 듯 한숨을 내쉬며 말없이 현관으로 나서는
투우.

　　투우　　야박하네. 골로 갈 뻔한 양반 밥 굶고 있을까 봐
　　　　　　걱정해서 왔는데…. 하긴 치료까지 받았으니까. 응?
　　　　　　그것도 동물병원에서. 개같이 누워서.
　　조각　　악취미가 있구나.
　　투우　　보디백 드는데 하도 비틀대길래 그쪽 시체라도
　　　　　　거둬볼까, 쭉 봤거든.
　　조각　　….
　　투우　　장비가 왜 그 꼴 됐는지, 본인이 더 잘 알지? 회사가
　　　　　　알면 골치 아파지니까, 알아서 처신해.
　　조각　　향수나 뿌리는 초짜한테 충고 들을 처지 아냐. 꺼져.
　　투우　　응. 전설이시니까.

투우가 나가고 문이 쾅 닫힌다. 모욕과 협박에 심란해진 조각,
투우가 나간 자리를 잠시 응시한다. 그리고 서둘러 강선생의
카디건을 벗어버린다. 버려지듯 빨래통에 던져지는 카디건.

쨍한 햇살 아래 도심 외곽 도로를 오토바이가 빠르게 내달린다. 터널로 들어서는 오토바이. 풀페이스 바이저 안, 투우의 표정이 희미하게 비친다. 말 없는 서운함과 오래된 슬픔이 서려 있다. 바람이 더 세게 부딪힌다. 투우는 속도를 더 올린다.

63   조각의 집 / 낮

욕실. 거울 속에 비친 조각의 상처 난 몸. 옷을 벗자 부은 상처 자국이 드러난다. 물줄기가 떨어지지만, 조각은 한참 동안 샤워기 손잡이를 움켜쥔 채 가만히 선다. 씻는 것이 아니라, 무언가를 떨쳐내려는 몸짓. 샤워를 마치고 나와 붕대를 갈고, 진통제를 삼킨다. 옷을 입으려다 몸이 휘청. 통증이 몰려오자 숨을 깊게 몰아쉰다. 바닥을 짚으며 신음. 겨우 셔츠를 걸치고 허리를 펼 때 얼굴에 흐른 물이 땀인지 눈물인지 모르게 턱선을 타고 떨어진다.

주방에서 스테이크용 생고기를 썰고 있는 손실장. 뒤로 조각이 서 있다.

손실장   개를 키우신다고요? 몰랐는데.

조각   등대를 붙였더군.

손실장   (질긴 듯 더 힘줘서 고기를 썰며) ….

조각   왜? 내가 못 미더웠어?

손실장   파도가 높은데, 우리 대모님 쓸려 가시면 큰일나죠. 신성방역의 소중한 자산인데…. (말 돌리며) 아이, 칼이 왜 이렇게 안 들어.

손실장이 짜증을 섞어 칼에 힘을 주는데, 순간 휙- 낚아채 날을 살피는 조각.

조각   이 칼이 무딘 거 같긴 해도. (칼로 쓱 그어 살점을 단숨에 잘라내고) 아직은 충분히, 쓸 만한 거 같은데.

조각이 칼을 건네자, 살짝 얼어붙었던 손실장, 받아 들고 다시 썰기 시작한다.

조각　　　꼴을 보니 길거리에서 아무나 주워다가 이 일 저

　　　　　일 벌리나 본데. 잊지 마. 우리 일은 악성 벌레를

　　　　　퇴치하는 신성한 일이야. 이를테면, 평범한 애를

　　　　　공사쳐서 죽음으로 내몬 약쟁이들 방역하는 거.

　　　　　니가 거절하는 그런 일 말이야.

손실장　　농약 뿌리다 보면 해충도 죽고 익충도 죽고 그런

　　　　　거죠. 그리고, 걔들 그냥 약쟁이 아니고, 클럽

　　　　　굴리다 대부업으로 상장사 먹고, 정재계까지 꽉

　　　　　잡은 전국구 마피아들입니다. 잘못 따면 다 죽는

　　　　　복어 독주머니 같은 일인데, 그걸 어떻게 하냐고요!

조각　　　일 편하게 하네. 재고 가리고.

손실장　　내 권한입니다!!

조각　　　권한엔 책임이 따르지.

손실장　　(폭발하며) 그럼 직접 한번 해보시든가요!!!

조각　　　못할 것도 없지.

주방을 나가는 조각. 홧김에 지른 구겨진 인상을 펴고 호흡을
삼키는 손실장.

손실장　　그리고, 투우 개 미국 용병 출신에, 싹 털어봐도

　　　　　클린한 친구예요. 실력 좋으니까, 이제 좀 동료로

인정하고 밥 한 끼 해주시죠.

조각의 발이 멈춘다. 시선이 벽에 걸린 흑백사진에 머문다.
젊은 시절의 손실장의 부친 손이사, 그 옆에 지팡이를 짚은 어린
손실장 사진이 보인다.

조각   이제 보니 손이사도 참 젊었었네. 너가 코 흘리고
         다닐 때였나.
손실장   (지지 않고) 그때는 대모님도 참으로 한창이셨죠,
         네!

조각이 쌀쌀맞게 나가자 손실장이 다시 고기를 썰다가 도마를
내리친다.

손실장   노친네… 진짜….

65　　신성방역 앞 / 낮

신성방역을 나와 앞 건물 통로를 통해 멀어지는 조각. 문득,
벽에 기대어 서 있던 투우가 길을 막는다.

투우   왜 벌써 가? 간만에 왔는데 좀 놀다 가지.

조각이 무시하고 지나치는데, 손목을 턱 낚아채 막아서고, 깨진
손톱을 훑는 투우.

투우   손톱 기를 생각 없어?
조각   뭐?
투우   한때 화려했잖아. 이거저거 칠하고 해봐.
조각   그럴까. 니놈 얼굴이라도 갈기갈기 찢어주게.

투우가 조각을 불쑥 당긴다. 얼굴이 거의 맞닿을 정도로
가까워지며 둘의 숨결이 얽힌다. 코앞에서 맹수처럼 서로를
노려보는 둘.

투우   그 전에 할 일이 있으실 텐데.

조각, 눈을 가늘게 뜨고 투우를 노려본다. 잠시 침묵. 그러다
낮게 웃는다.

조각   이제야 니놈이 누군지 알겠네.
투우   (은근한 기대를 하며) 알아? 나를?

조각   알지. 죽으려고 용쓰는 놈.

투우, 한순간 희미한 미소. 동시에 안에 씁쓸함이 스친다. 문득,
옆구리 쪽에 무엇인가 느껴진다. 눈을 내리면, 조각의 칼이,
조용히 박혀 있다.

투우   응, 한물 갔어도, 대모님 눈 밖에 나면 골로 간다며.
           따르는 업자도 한둘이 아니고.

조각의 칼이 투우 옆구리 깊숙이 파고들자, 그제야 손을 들어
물러서는 투우.

조각   내 눈에 띄지 마, 오래 살고 싶으면.

칼을 접고 안쪽으로 사라지는 조각. 투우의 숨이 거칠어진다.

66   공원 / 새벽

어둑한 새벽. 평소처럼 산길을 뛴다. 하지만 이내 지쳐서 멈추고
가쁜 호흡을 몰아쉰다. 생각이 많은 듯 복잡한 표정이다.

(조각)   사람 좀 알아봐줘.

67   폐차장 / 낮

폐차가 진행되는 현장. 차체 뒤편에 앉은 조각은 신문을 보고
있다. 최반장은 노트북으로 병원 홈페이지를 들여다본다. 폐차
중인 차 너머로 신문을 보고 있는 조각. 옆에서 병원 홈페이지의
강선생을 살피고 있는 최반장.

최반장   누구 심기를 거스를 만한 인물은 못돼 보이는디….
           아까운 목숨 하나가 또 요렇게 가는구만.

조각   들켰어. 내가 누군지….

최반장   (화들짝) 뭣이여. 어쩌다?

신문을 건네고 무심히 돌아서는 조각. "세기의 이혼소송.
효령건설 심회장, 극단적 선택. 유서는 비공개. 부검 않기로…"
등의 사망 소식이 게재된 기사다. 최반장, 멍하니 신문을
들여다본다.

새벽 미명이 피어오른다. 문을 열고 동물병원을 나오는 강선생.
길게 기지개를 켜며 걷기 시작한다. 그를 지켜보는 한 시선.
골목 건너 조각이 뒤따르기 시작한다.

(최반장)   개천에서 용났더만. 열셋에 고아 되고 혼자
          수의사꺼정 됐더라구.

아파트 단지 입구. 유치원 버스를 타려는 해니(여, 7)와 무릎을
굽혀 눈을 맞추는 강선생.

강선생   친구들이랑 싸우지 말고, 반찬 골라 먹지 말고.
         알았지?
해니   예썰~! 근데, 아빠나 잘해!

해니와 강선생이 잠시 티격태격 말장난을 주고받는다. 버스가
출발한다. 구석 벤치에 앉아 지켜보고 있는 조각이 보인다.

(최반장)   밤엔 병원, 낮엔 딸 챙기고, 시장 가서 장모 챙기고,
            다람쥐 쳇바퀴, 그게 다여.

70   병원 앞 / 낮

강선생이 병원 입구에 서더니 가방에서 피켓을 꺼내 펼친다.
"병원장은 의료사고를 인정하고 사과하세요…"라는 호소문이다.
힐끔거리는 사람들. 그때, 차 한 대가 서고 병원장(여, 60대)이
내린다.

병원장   야. 저거 좀 안 치우냐?

병원장이 역정을 내고 들어가자, 비서(남, 30대)가 다가와 "제발
좀 그만하세요. 알 만한 사람이 왜 이렇게 억지를 부려…"라고
힐난한다. 담담히 버티는 강선생. 건너편에서 지켜보고 있는
조각.

(최반장)   전반적으로다가 아조 평범한 삶인디… 짠헌 사연
            하나 있긴 허더라고….

시장을 거닐던 조각의 발걸음이 한 청과상 앞에서 멈춘다.
조각이 매대의 복숭아 한 알을 집어 들고 "여기요…" 하며 안을
살피는데, 주인은 없고 이어폰을 낀 채 휴대폰 삼매경인 해니
혼자만 보인다.

해니   (복숭아를 씹으며) 앙녕하세요.

조각이 미소로 받는데, 마침 지하에서 윤여사(여, 60)가
올라온다.

윤여사   아, 그거 요즘 귀한 복숭아인데, 꿀맛이에요.
조각   그런가요. 그럼 이걸로….
윤여사   (봉지에 담으며) 4개면 돼요?
조각   좀 많은데….

윤여사가 웃으며 4개짜리를 담아준다. 조각이 만 원을 건네자
구석 돈통을 열어 잔돈을 챙긴다. 그사이 해니 목뒤에 반쯤
떨어지다 만 상표 태그가 삐져나온 게 눈에 띈다. 귀여운 삶의
파편을 담는 조각. 해니 뒤로 벽에 붙은 몇 개의 그림이 눈에

들어온다. 아빠 손을 잡은 아이 옆에 천사 옷의 엄마가 그려져
있다. 다가와 잔돈을 건네주는 윤여사. 그림을 응시하는 조각의
시선을 알아채고 말을 건넨다.

윤여사	일곱 살치곤 솜씨 좋죠?
조각	엄마가 천사인가 봐요.
윤여사	네. 하늘나라에 있으니까.
조각	아, 어쩌다가.
윤여사	수술받다 도져서 5년을 누워 있다 허망하게 갔어요. 우리 사위가 그 일 있고 잠을 못 자. 그래서 밤 근무로 여기저기 전전하고…. 답도 없는 그 일인시위인가 뭔가를 몇 년째 그러고 있고….

애기 듣는 사이 윤여사 얼굴을 자세히 살피는 조각. 눈에 띄게
떨리는 희끗한 속눈썹. 찬 바람에도 난방 기구 없는 가게에
식은땀을 흘리는 걸로 봐서 건강이 좋지 않다는 걸 파악한다.

윤여사	그래도 그게 죽은 사람한테 예의라나 뭐라나….
조각	….
윤여사	아이고, 별소릴. (매대 밑에서 꺼내며) 참, 파과 하나 더 드릴게. 좀 뭉그러졌다고 안 사가는 건데, 더

맛있다니까 아주.

조금 멍든 과일 하나를 더 받는 조각. 봉지에 담고 돌아선다.

조각   잘 먹을게요.

조각이 가게를 나선다. 바로 그 순간, 강선생이 가게로
들어선다. 무심히 스치는 조각. 아는 사람인가… 불길함에
돌아보는 강선생. "아빠!" 그때, 해니가 강선생을 발견하고
뛰쳐나와 쪼르르 안긴다. 강선생의 표정이 어두워진다.

72   상가 / 낮

강선생이 상가 건물을 나와 다급하게 조각을 쫓아온다. 상가
입구로 들어서는 조각이 보인다. 따라가는 강선생. 마치
유인하듯 다시 코너로 사라지는 조각. 쫓아가는 강선생.
조각이 점점 외진 구석으로 사라진다. 쫓아온 강선생이 놓친
듯 두리번거리는데, 뒤로 누군가 스친다. 목을 잠시 잡고
주춤하더니 푹 쓰러지는 강선생. 조각이 벽에 기대 앉힌
강선생을 잠시 내려다본다. 결심한 듯 비녀를 치켜드는데, 순간

강선생의 고개가 푹 숙여진다. 한 손으로 얼굴을 받치는 조각.
목의 맥박이 느껴진다. 감긴 눈, 코, 입을 따라 시선이 흐른다.
조각의 손이 떨린다. 잠시 눈을 감았다 뜨더니 이내 이를 악무는
조각, 비녀를 내리꽂는다. 얼굴에 피가 튄다!

CUT TO. 현실 1.

강선생이 다급하게 조각을 쫓아온다. 저 멀리 보인다. 따라간다.
다시 사라진다. 교차로에서 놓친 듯 두리번거리는데, 상점 사이
틈에서 기다렸다는 듯 조용히 모습을 드러내는 조각. 숨을
고르며 다가가는 강선생. 조각의 손은 칼이 든 품속에 들어가
있다.

    강선생   …왜 오신 거죠? 가족은 상관없잖아요.

말없이 바라보는 조각. 살기가 감도는 정적. 죽여도 상관없는
시공간. 허나, 눈 하나 깜박이지 않는 강선생. 또 다른 시선 하나.
조금 떨어진 곳에서 누군가 이를 지켜보고 있다.

    조각   왜.
    강선생   네?

조각   뭘 갖고 있는지 봤을 텐데.

강선생   좋은 분이시잖아요. 버려진 아이를 구하셨는데.

조각   좋은 사람 아닙니다.

강선생   그거 좋은 사람만 할 수 있는 대답이죠.

조각   ….

조각, 잠시 말이 없다. 강선생이 긴장을 조금 푼다.

강선생   무용이는 잘 지내나요.

조각   무용?

강선생   용감한 아이 같아서….

조각   작명엔 재주가 없으시구만.

강선생   아, 농담하신 거죠? 지금.

조각, 희미한 미소를 짓는다. 품에서 천천히 손을 빼낸다. 칼이
아니다.

강선생   병원은 왜 안 가세요?

조각   …짤릴까 봐. 회사에서.

강선생   무서운 회사인가 보네요. 상처 도지면 들르세요.
          옷값 많이 주셨으니까. 아, 무용이 산책도 좀

시켜주고 그러시고요. (돌아서려다) 근데 뭐라고
불러드려야 하지. 성함이….

조각이 답하지 않자, 이해한다는 듯 꾸벅 인사를 하고 자리를
뜨는 강선생.

CUT TO. 현실 2.

저 멀리 상가 밖으로 사라지는 조각. 건너편 코너에서 지켜보던
안광의 정체가 드러난다. 투우다. 한심한 듯 실망한 표정이
역력하다. 강선생이 있는 곳으로 향한다. 이때 짐을 들고
나타나는 상가 상인. 정신을 잃고 주저앉아 있는 강선생을
발견하고 달려와서 깨운다. 강선생, 정신을 차리고 주변을
둘러보지만 조각은 보이지 않는다. 아무렇지도 않은 듯 고개를
털고 자리에서 일어난다. 그 앞을 무심히 지나치는 투우.

73   조각의 집 / 밤

현관문이 열리고 조용히 거실로 들어서는 조각. 노견이 반기며
과일 봉지에 달려든다. 복숭아 하나를 깎아 작은 조각을 잘라서

건네준다. 좋아라 먹는 노견의 턱을 쓰다듬어주는 조각. 거칠고
헌 털 사이로 따뜻한 체온이 전해진다.

조각   넌 어때…. 내가 좋은 사람인 거 같으니?

마치 대답하듯 컹컹 짖는 노견. 조각이 미소 짓는다. 잠시 눈을
감고, 개의 따뜻한 체온에 얼굴을 기대다 눈을 뜬다.

조각   무용…. 그래 오늘부터 너는 무용이다.

무용이 조용히 조각의 무릎 위에 머리를 얹는다. 조각이 천천히
개의 귀를 쓰다듬는다. 얼굴에 잠시 희미한 감정이 번지지만,
이내 핏자국이 말라붙은 상처 난 손바닥을 내려다보며 숨을
고른다.

74   신성방역, 옥상 / 낮

옥상에 나란히 앉은 손실장과 투우. 투우는 막대 사탕을 빨며
사탕 봉지를 접고 있다.

손실장 암튼, 이 금싸라기 터가 참 오래됐습니다. 40년도
넘었죠. 싹 헐어버리고 번듯하게 새 집 올리면
얼마나 좋아요.

투우 그게 맘처럼 쉽지 않다?

손실장 (지팡이로 왼다리를 치며) 날 때부터 요지경인
초식동물 앞에 늙은 사자 한 마리가 알박기로 딱
버티고 있으니까.

투우 그거 치우는 게 뭐 어렵다고.

손실장 열광하면서도 두려워하는 전설….

손실장이 내려보자, 낡은 건물로 들어가는 초엽과 몇몇
업자들의 모습이 보인다.

손실장 저 인간들은 그런 거에 맥을 못 추죠.

투우 웃겨. 무슨 일이 있었길래.

손실장 여기 밑동을 세운 류라는 원조 양반이 있었는데,
그분 제삿날, 혈혈단신으로 28명을 소독해버렸다지.
그날 이후로 '손톱'에서 '조각'으로 이름도
바꾸고…. '발톱 조'에 '뿔 각'이라나.

투우 …감히 건들지도 못하게 됐다?

손실장 근데 그게 언제 적 애깁니까. 유효기간 지난

폐기물은 처분돼야 하지 않겠어요?

손실장이 넌지시 웃는다. 투우는 사탕 봉지로 접은 비행기를
무심하게 날린다. 비행기는 옥상 끝을 가로지르며 허공으로
사라진다. 아래로 추락하거나, 날아가거나.

75 조각의 집 / 낮

좌르르- 밥그릇에 부어지는 사료. 노견이 고개를 파묻고
정신없이 먹는다. 외출 준비를 마친 조각. 싱크대 쪽으로
개계단을 놔주고, 잘 열릴 수 있도록 개조된 창을 열며 노견에게
알려준다.

좌르르. 사료가 그릇에 부어진다. 무용이 머리를 파묻고
허겁지겁 먹는다. 외출복 차림의 조각, 싱크대 아래 창 쪽에
작은 개계단을 붙인다. 개조된 창문 손잡이를 열어, 무용에게
알린다.

조각   잘 들어. 내가 안 돌아오면, 절루 나가야 해.
         멍청하게 기다리다 굶어 죽지 말고 새 주인 찾든,

쓰레기통을 뒤지든, 어떻게든 살아. 개장수한테
잡히지만 말고.

무용은 가만히 바라만 본다. 고개를 갸웃한 채. 한번 쓰다듬고
문을 나서는 조각. 그 뒤로 빨래 건조대에 걸린 강선생의
카디건이 보인다.

76   편의점 안팎 + 조각의 집 / 밤 – 낮

밤늦은 시간. 편의점 구석에서 식은 꿀차 컵을 쥐고 잠복 중인
조각. 창 너머로 조명이 희미한 빌라 골목을 주시하고 있다.
앞자리에 놓인 수첩에는 동선, 시간대 등이 가득하다. 페이지를
넘기자, 늦은 밤 집에서 '不可'라고 써진 의뢰 파일을 펼쳐보는
조각의 모습으로 연결된다. 의뢰인 홍여사와 결혼을 앞둔
피해자 아들/예비 며느리의 일상 모습과 폭행 후 처참하게
망가진 사진들이 교차된다. 의뢰서의 타깃 정보 위로 초엽의
목소리가 흐른다.

(초엽)   타깃은 한성도. 겉으론 번듯한 스타트업 대표인데,
          실상은 땅굴 몇 개 굴리면서 암약 중인 가야 홀딩스

114

핵심 멤버. 포악한 인간 말종이라 가야 안에서도
골칫덩어리고, 의심이 많아서 주거지가 일정치
않고 가드 없이는 절대 안 다닌다고….

INS. 양조장에서 제조한 마약을 파티 중인 손님들에게 술을
제공하며 환호받는 한성도(남, 40).
INS. 사람을 땅에 묻고 그 위로 밀웜을 뿌리는 한성도.
INS. 클럽 앞에서 한성도에게 대들었다가 내동댕이쳐지는
홍여사.
INS. 빌라에서 여친과 수다 떠는 한성도. 그 옆을 지키며 망을
보는 가드 2명이 보인다.

메모를 덮자, 날이 밝아 있다. 편의점 창밖으로 리어카를 끌며
상자를 나르는 80대 할머니가 보인다. 잠시 응시하는 조각.
갑자기 빵- 소리에 눈을 돌린 조각. 빌라 골목에서 잠이 덜 깬
트레이닝복 차림의 한성도가 달려오는 차를 피해 건너오고
있다. 혼자다! 긴장하는 조각. 편의점으로 뛰어들어온 한성도.
전화 통화를 하며 조각 뒤편의 매대로 다가온다.

　　한성도　　　보라야, 탐폰은 없는데? 그냥 생리대로 안 돼?
　　　　　　　　…브랜드, 뭐?

그사이 수첩 속 사진과 한성도의 얼굴을 대조한다. 동일인이다.
한성도가 계산하는 사이 천천히 자리를 뜨는 조각.

비닐봉지를 들고 나오는 한성도. 건너편의 조각. 45도 뒤쪽에서
천천히 뒤를 밟는다. 한성도가 빌라 쪽으로 무단 횡단을
하는데, 지나는 차를 피하다가 노인이 끌던 폐지 리어카와 살짝
부딪친다.

　　한성도　　아씨, 뭐야?

짜증 내며 폐지를 팍 치는 한성도. 그 바람에 낡은 고무줄이
풀리면서 쌓인 폐지들이 사방에 흩어진다.

　　한성도　　더러워, 진짜…. 늙었으면 뒈지지, 왜 이렇게 열심히
　　　　　　　살아!!!

짜증 내며 빌라 골목으로 들어가버리는 한성도. 조각도
따르는데…. 빵- 소리에 한성도가 돌아본다. 순간 조각도

고개를 돌린다. 노인이 도로를 막고 폐휴지를 줍는다. 막힌 차가
빵빵대지만 느릿느릿한 동작에 반대편 차도 막히고 혼잡해진다.
가버리는 한성도. 곤란한 노인 사이에서 갈등하다 돌아서는
조각.

조각   일루 오세요. 얼른.

노인이 천천히 건너온다. 차들이 슬금슬금 폐지를 밟고
지나간다. 조각이 뛰어들어 차를 막고 서둘러 폐지를 모으기
시작한다. 차들이 다시 빵빵대지만 끝까지 노인을 돕는 조각.
그사이 완전히 사라진 한성도. 편의점 점장과 손님들이 소란을
구경하고, 경찰까지 출동한다. 그 사이에서 지켜보는 투우.
한심한 듯 혀를 찬다.

78   골목 / 새벽

고요한 새벽. 골목 구석에 리어카를 멈추고 버려진 책을 주워
담는 노인. 그 뒤로 조용히 드리우는 그림자. 잠시 후, 낮은 신음
소리가 터져 나온다.

악몽을 꾸듯 식은땀을 흘리며 웅크린 조각. 툭툭- 어디선가
불길한 소리. 눈을 번쩍 치뜨는 조각. 베개맡의 칼을 뽑아
쥐는데, 방문 사이로 빼꼼히 보이는 건 무용이다. 배가 고픈지
낑낑댄다. 긴장을 풀고 한숨을 내쉬는 조각.

80　　**편의점 앞 / 낮**

다시 편의점을 찾아온 조각. 앞쪽으로 점장과 형사 두 명이
주변 CCTV를 보며 심각하게 대화 중이다. 긴장하며 발걸음을
늦추는 조각. 골목 사이로 폴리스 라인 안에 리어카가 보이고,
바닥의 시신 표기와 흩뿌려진 핏자국이 잔혹한 살해 현장을
연상케 한다. 놀라서 살피는데, 한 형사가 다가와 말을 건다.

　　형사　　실례합니다. 어르신, 몇 가지 여쭐 게 있어서요.

　　조각　　(당황) 네…?

　　형사　　점장 말씀으론 피해자와 아시는 분 같다고….

　　조각　　아뇨. 폐지가 쏟아져서 도와드린 게 전부입니다.

　　형사　　그래도 일단 목격자이시고 하니까. (수첩 내밀며)

연락처 좀 얻을 수 있을까요?

마지못해 번호를 적어주는 조각. 빠른 걸음으로 자리를
벗어난다. 하지만, 과호흡이 오면서 걸음이 점점 불안해진다.
사람들의 시선, 작은 소음에도 온몸이 경직된다. 골목 안으로
확 뛰어들어 벽에 몸을 기대고 비닐봉지를 꺼내 숨을 몰아쉰다.
겪어보지 못했던 패닉. 결국, 삐— 이명 소리와 함께 구토를 하며
쓰러지는 조각. 불현듯 스치는 과거.

81 신성방역 / 낮

바 테이블에서 식사 중인 손실장. 창 너머로 조각과 초엽의
대화가 보인다.

 초엽   접촉 실패는 둘째 치고, 얼굴 다 깠다는 건 오버
     아닌가.

 조각   ….

 초엽   치매라도 왔어요? 뭐 현장에 칼 대신 포크 들고
     가신 거냐구요. 아니 실수로 이쑤시개 갖구 가도 잘
     쓰실 분이 왜 그래요?

식사를 마치고 일어난 손실장이 방으로 향한다. 조각과 초엽을
스치며 일갈한다.

손실장   장원장은 대모님이 멀쩡하다고 하지만, 아니시죠?

놀라는 초엽. 비릿한 표정의 손실장이 무심히 방으로 들어간다.
쓰게 웃는 조각. 떨리는 손끝을 숨긴다.

사무실 문이 닫힌다. 손실장은 소파에 앉아 투우와 통화를 한다.

손실장   이제 재건축 시공 들어가도 될 거 같은데, 점
              하나만 더 찍어보죠.
(투우)   근데, 콜드게임보단 연장전이 재밌지 않나, 우리의
              CEO님? 좀 느긋하게 더 놀아보자고. 내 스타일
              좋다며. 빙빙.

투우의 의미심장한 미소.

조용한 식탁. 혼자 밥을 먹는 조각. 참담함이 뚝뚝 떨어진다.
문득 고개 돌려 빈 의자를 잠시 응시한다. 진통제 알약을 잠시
만지다가, 입에 털어넣고 물을 따라 마신다. 소파 앞에 앉은
조각. TV 화면엔 어둠 속에서 하이에나 떼가 늙은 사자를 덮쳐
물어뜯는 장면. 잔인한 영상. 그러나 조각은 무표정.
잠시 후, 사자의 숨이 끊어지는 순간, 조각이 시선을 옆으로
돌린다. 구석에서 웅크린 무용. 조각이 오라고 톡톡 손짓한다.
그러나 무용은 움직이지 않는다. 시무룩한 눈빛. 밥도 손대지
않은 상태.

조각   (부드럽게 손짓하며) …그러지 말고 이리 와.

무용의 숨소리가 미세하게 가빠져 있다. 아픈 듯 눈도 제대로
뜨지 못한 채 조용히 떨고 있다. 불안한 눈빛으로 잠시 보는
조각, 서운한 듯 맘을 멈춘다. 조각과 무용, 둘 다 그 자리에
웅크린 채 잠든다.

조각이 벤치에 앉아 숲속 풍경을 바라보고 있다. 운동 나온
노인들, 데이트하는 연인들, 커피를 든 직장인들. 눈을 감아보는
조각. 이제껏 누리지 못한 평범한 일상이 스미는데…. 컹컹!
무용이 짖는다.

　　(강선생)　　어? 보호자님?

조각이 눈을 떠보면, 강선생이 해니와 함께 서 있다.

　해니　　　(배꼽인사 하며) 할머니 안녕하세요!

　조각　　　아… 안녕.

　강선생　　무용이랑 산책 나오셨구나.

　해니　　　만져봐도 돼요?

　강선생　　(제지하며) 강해니.

　조각　　　그럼.

조각의 인자한 허락에 무용을 만지는 해니. 무용이 신이 나서
쪼르르 달려나가자 해니도 쫓아간다.

강선생   해니야, 멀리 가면 안 돼.

해니   네!

강선생이 조각의 곁에 앉아 잠시 해니를 바라본다.

강선생   요즘 회사는 잘 다니세요?

조각   …?

강선생   아픈데 병원도 가지 말라는 그 지독한 회사요.

조각   그만둘 생각인데….

강선생   왜요. 아직 정정하신데.

조각 얼굴 위로 잠시 쓴웃음이 스친다.

조각   (말 돌리며) 복숭아가… 달고 맛있던데요.

강선생   아, 그렇죠? 장모님, 무릎도 안 좋으신데, 새벽마다
          얼마나 좋은 걸로 떼오시는지. 저번에 한번 들르고
          안 오시길래 장모께서 맛이 없었나, 하시더라구요.

멀리 해니와 무용이 사람들 사이에서 귀여움을 사고 있다.

조각   …아이 참 똑똑해 보이네요.

강선생   애 엄마 닮아서요. (덤덤히) 들으셨죠. 장모님한테.
        …멀쩡하던 사람이 하루아침에….

조각   ….

강선생   보상금 내놓으라거나, 책임자 처벌하라거나 그런
        얘긴 한마디도 안 꺼냈어요. 미안하단 한마디
        듣자고 매달려봤지만 병원장이 그러더군요. 한몫
        보려는 누구나 첨엔 다 진실한 사과 어쩌구 한다고.
        그땐 진짜 혀를 깨물까. 아니면 마음 같아선….

조각   …죽이고 싶나요.

갑작스런 질문에 멈칫하고 조각을 본다. 진지하다. 이내
농담으로 여기고 헛웃음을 짓는 강선생.

강선생   참, 같이 식사하실래요? 점심 하러 가던 길인데.
조각   저는 이만….

괜한 말을 꺼냈나… 후회가 스치는 조각. 외면하고 일어서는데,
해니가 불쑥 앞을 가로막는다.

해니   같이 가요. 다 먹고살자고 하는 짓인데…!

할머니 말투를 쓰는 해니의 당돌함에 더 거부하지 못하는 조각.

84   식당 / 낮

햇살이 잘 드는 야외 테라스석에 앉아 있는 조각과 강선생, 해니 그리고 바닥에 앉아 있는 무용. 피자를 입에 문 채 떠드는 해니.

    해니   저, 담 주에 발표회 해요.

    조각   발표회?

    해니   할머니두 오세요.

갑자기 가방을 열더니, 크레파스로 그린 초대장을 내미는 해니. 살짝 당황하는 조각.

    조각   어쩌지. 난 그런 데 못 가는데.

    해니   안 돼요. 춤 연습 엄청 했단 말이에요.

    강선생   해니야, 너 또. (조각에게) 신경 안 쓰셔도 돼요.

신나게 피자를 먹는 해니.

조각   조각….

강선생   …네? 조각이요?

조각   내 이름, 조각입니다.

해니   (피자를 뜯으며) 한 조각 두 조각 세 조각!

강선생   (엄하게) 강해니!

하지만 해니는 이미 관심이 떠난 듯, 테이블에 내려둔 강선생의
휴대폰을 만지작거린다.

조각   짐승의 발톱…이라는 뜻입니다.

강선생   아, 그런가요?

조각의 낮은 목소리에 호기심 어린 표정을 짓는 강선생. 그때,
불쑥 해니가 끼어든다.

해니   여기 보세요!

갑작스러운 해니의 말에 조각과 강선생이 고개를 돌리면 찰칵!
사진이 찍힌다.

강선생   너 진짜 허락도 없이 함부로….

해니   크크. 잘 나왔죠?

뿌듯하게 사진을 내미는 해니. 모두 토끼 머리띠를 하고 있다.

조각   그러게. 잘 나왔구나.
해니   (당돌하게) 번호 주세요. 보내드릴게요.

당돌한 해니의 말에 당황하는 조각.

한편, 멀찌감치 자리에서 홀로 식사 중인 한 남자. 투우다.
식사를 내려놓는다. 해니가 치즈를 쭉쭉 늘린다. 강선생도
시합하듯 따라 한다. 조각, 그들 모습에 살짝 미소를 짓는다. 쨍-
그릇이 바닥에 떨어지고, 사람들이 돌아본다. 조각이 신경 쓰여
힐끗 보는데, 투우가 있던 자리는 빈 의자만 남아 있다.

85   동물병원, 로비 / 밤

조용한 병원. 문이 열리며 한쪽 끈이 풀린 구둣발이 로비로
들어선다. 천천히 둘러보는 투우. 약제실에서 데스크로 나와
투우를 맞이하는 강선생.

강선생   안녕하세요. 어떤 일로….

투우   내가 아는 늙은 사자… 한 마리가 있는데, 평소 안

          하던 행동을 하면, 그게 무슨 뜻일까.

강선생   …네?

미소를 띠며 묻는 강선생을 빤히 노려보며 데스크 위의 명함을
툭 뽑아 드는 투우.

투우   사소한 거에 흔들린다거나….

강선생   …. (이상함을 느낀다)

투우   겁이 많아지거나… 안 먹던 걸 탐내거나….

강선생   아, 심인성이면… 잘못 찾아오신 거 같은데요.

투우   (의자에 털썩 앉으며) 여기 병원인데.

강선생   네, 근데 동물병원이라서요.

투우   (구두끈을 만지작거리며) 사람도 동물 아닌가.

강선생   그렇긴 한데, 제가 사람 진료는 못 합니다.

투우   이상하다. 사람도 보는 거 같던데….

살짝 당황하는 강선생. 투우가 말아 쥔 구두끈을 착악
늘어뜨린다. 강선생의 흔들리는 시선. 적막한 긴장. 그때 병원
문이 열리고 케이지를 든 방문객이 들어온다. 강선생, 투우에게

양해를 구하며 조심스레 방문객을 맞는다.

강선생   아 죄송합니다. 어떤 일로 오셨어요.

강선생이 손님을 데리고 진료실로 향한다. 남겨진 투우.
구두끈을 거두며 중얼댄다.

투우   지루해… 저런 인간이 뭐라고….

투우, 조용히 일어난다. 손에 명함을 든 채, 유리문 앞에 멈춰
선다. 잠시 그 명함을 빤히 본다.

86   네일숍 / 낮

조각의 얼굴에 영롱한 빛이 반사되어 비추인다. 화려한 인조
손톱이 나열된 쇼윈도 앞이다. 그 유리에 얼굴이 비친다. 주름이
자글하다. 서글퍼진다. 조각 뒤로 뛰어온 여대생들이 네일숍에
나란히 앉으며 재잘댄다. 막 다른 손님 관리를 마친 매니저가
여대생들을 맞이하다 조각을 발견한다.

매니저   아, 어머니도 손톱 손질하시게요?

그 소리에 여대생이 돌아보더니 조각을 흘긴다. 무안해진 조각.
손을 감추고 돌아선다.

87   해니청과 / 낮

시장 입구로 들어서는 조각. 해니청과로 향하다가… 멈칫한다.
투우가 매대 앞에 서 있다.

투우   그럼, 홍시는 없어요?
윤여사   홍시는 담 주에 들어오는데…. 단감 며칠 놔두면
           그게 홍시 비슷하게 되지 뭐.
투우   에이, 그게 어떻게 같아요.
해니   아저씨, 이거요. (초대장 내밀며) 저 공연해요.
           오실래요?
투우   어쩌지. 나 바쁜데….
해니   오세요. 저 춤 연습 엄청 했어요.
윤여사   어이구, 해니야, 너 또 아무한테나….

투우가 다정하게 대화를 나누는 모습에 얼어붙어 있는 조각.
투우가 힐끗 돌아본다.

88   상가 / 낮

인적 없는 상가 구석에서 기다리고 있는 조각. 투우가 과일
봉지를 들고 나타나 다가선다.

투우   그 해니청과 사장님, 참 수완 좋아.

조각   뭐하는 짓이야.

투우   (감 하나를 꺼내며) 이게 오래돼서 쭈글쭈글하고
         멍든 건데, 맛은 똑같대. 사람들이 모르고 예쁘고
         싱싱한 것만 산다나?

조각   강선생네, 털끝 하나라도 건드렸다간….

서늘하게 경고하는 조각. 투우가 실망을 감추지 못한다.

투우   아, 진심이구나….

조각   ….

투우   그 샌님, 재주 좋다. 얼음장 같은 인간을 다 녹이고.

눈빛이 흔들리는 조각. 어렵게 입을 연다.

조각   …내가 떠날 테니 끝내.
투우   뭐?

의외의 말에 약간 당황하는 투우.

조각   내가 없어지면 신성에 위협될 일도 없고, 죄 없는
            그 사람도 무사할 수 있겠지.
투우   그만둔다고…? 그건 싫은데…! 어떻게 그 인간
            하나 때문에 칼 접고 은퇴니 일상이니, 그런 꿈을
            꿔. 그래서 그런 거야? 명색이 대모가 폐지에
            과몰입해서 앞뒤 구분도 못하고….

퍽! 순간 투우의 뺨을 올려치는 조각의 펀치. 잠시 흐트러지는
투우.

조각   그 노인, 니가 한 짓이냐?
투우   (입속에 고인 핏물을 뱉으며) 어때, 속 좀 풀려?
조각   대체 상관도 없는 노인을 왜…. 오로지 나 엿
            먹이려고?

투우   그 할매 땜에 결정적 타이밍을 놓쳤잖아.
       형사한테도 찍히구. 못마땅했어. 꼴 뵈기 싫더라구.

조각   그래서… 죽였다고?

투우   뭐, 나이 들어보니, 갈라진 피부에 세균이 스미듯이
       이상한 게 막 쳐들어와? 연민, 후회… 뭐, 지켜주고
       싶다, 그런 감정 같은 게 샘솟는 거야?

조각의 숨이 거칠어진다. 흥미롭게 바라보며 감을 무는 투우.

조각   너… 여기 들어온 목적이 뭐야?

투우   목적? 사람들 웃기는 게. 자기가 가는 덴 어딘지도
       모르면서 꼭 남더러 어디 가냐고 캐물어. 당신은
       지금 뭐하고 있는지 알기나 해?

조각   ….

투우   하긴 나이가 뭐가 중요해. 얼마든지 바라볼 자유가
       있지. 근데… 자격은 없잖아?

조각   ….

투우   퉷, 에이, 떫어! 근데 사실 같은 돈 주고 누가 이런
       걸 사 먹겠어. 안 그래?

감을 바닥에 툭 떨구더니 콱 밟아 뭉개버리는 투우. 모멸감에

숨이 가빠오는 조각. 처량히 남겨진다.

어둑한 거실. TV는 켜져 있지만 소파는 비어 있다. 캔을 따서
자고 있는 무용 앞에 놓는 조각. 야채를 넣기 위해 냉장고 문을
열고 과일 칸을 여는데, 온도 조절 장치가 고장났는지 냉기가
부족하다.

(AS 기사)   어머니, 이제 부품도 단종되고 교체할 때가
             됐는데….
(조각)   더 쓰다가….
(AS 기사)   그만 좀 버리세요. 더 못 버틴다니깐.

언젠가 다녀간 AS 기사의 목소리 너머로 칸 안에 검게 썩어
붙은 복숭아 몇 개가 보인다.

    조각   …언제 이렇게….

잡자마자 부서져 흘러내리는 물컹한 복숭아. 냉장고 벽에

달라붙은 파과의 살점들을 긁어내는데, 툭- 손톱이 부러져
버린다. 그 위로 떨어지는 눈물방울. 조각의 구부러진 등이
들썩이기 시작한다.

비가 오는 밤. 상복을 입은 류가 팔로 얼굴을 가린 채 소파에
누워 자고 있다. 손톱이 바닥에 흩어진 깨진 액자 틈에서
류의 가족사진을 찾아 조심스레 선반에 올려놓는다. 류의 한
팔이 소파 밑으로 처져 있고, 삼베 완장이 중간쯤 걸려 있다.
손톱이 다가가 이불을 덮어주고 완장을 빼준다. 완장이 손목을
빠져나가려는 순간 떨리는 류의 팔. 보면, 류가 소리 없이 울고
있다. 손톱도 눈시울이 붉어진다.

류   들어가 쉬어.

손톱   괜찮습니다.

류   못 알아듣는구나. 혼자 있고 싶다고!

손톱   너무 잘 아는데, 그래서 안 됩니다.

류   나 안 죽어. 가서 자든지 일 봐.

손톱   전… 선생님이 관두자면 이제라도 안 합니다.

류	새로 신분증이랑 표 알아봐줄게.
손톱	필요 없어요. 전 제가 있고 싶은 곳에 있겠습니다.
류	좋을 대로 해. 근데 이제는… 너도 나도… 이젠
	지켜야 할 건… 만들지 말자.

안도와 서글픔의 교차 속에 묵묵히 눈을 감는 손톱.

91   (과거) 사찰 / 낮

법당엔 류의 아내와 아들 영정 사진과 제상이 차려져 있다. 절을
마치고 법당 앞으로 나서는 류와 손톱.

류	벌써 10년 됐더라구. 수고 많았다.

류가 품속에서 작은 상자를 건넨다. 놀라는 손톱. 열어보면
날카로운 비녀가 들어 있다. 빼서 만져보는 손톱. 손에 쥐어보니
무기로 쓰기에 딱 좋다.

류	눌러봐.
손톱	(머리를 누르면 침이 나온다) 고맙습니다! (비녀를

머리에 꽂는다)

류   잘 어울리네.

류가 담담하게 발길을 돌리고, 손톱은 불안하게 뒷모습을
응시한다.

92   (과거) 서태산 아지트 / 밤

손톱이 허겁지겁 계단을 오르고 있다. 곳곳에 칼에 베인
사내들이 쓰러져 있다. 건물 안에서 이미 피범벅인 된 채로
보스와 건달 일당들을 마주하고 대치 중인 류.

보스   생각보다 오래 걸렸네? 실망이야, 류선생.
류   49재 끝날 때까지 기다렸다. 혹시 우리 가족들 이승
            못 떠날까 봐.

류가 칼을 들고 무리들 한가운데로 달려든다.

CUT TO.

뒤늦게 뛰어들어온 손톱. 시체들 사이에 파묻힌 류를 찾아낸다.
배에서 피가 쏟아져 나오고 있다. 손톱이 류를 부축하고
지혈하려 애쓴다. 만류하는 류.

류   돼… 됐어 그냥 두고 가….

손톱   안 돼요. 저 혼자 두고 가지 마세요. 제발…!

류   나 안 죽어…. 그러니까 먼저 가 있으라니까.

손톱   아뇨. 우린 같이 갑니다.

류   똥고집은…. (호흡을 가다듬는다) …우리 직원을 더
        뽑을까.

손톱   그럼 진짜 회사 같겠네요.

류   이름은 신성방역. 난 사장. 넌 부사장.

손톱   갑자기 높아지니까 체할 것 같아요.

류   내가 죽으면… 니가 사장하고.

손톱   바지사장 따로 앉힐래요. 머리 체질 못 돼요.

태연한 척 나누던 대화도 어려워지고 류의 몸이 점점 기운다.
떨리는 손으로 어루만져주는 손톱. 파르르 떨리는 류의 눈꺼풀.
무슨 말인가를 하려 힘겹게 입을 뗀다. 손톱이 귀를 가까이
가져간다.

류   미안하다….

손톱   선생님!

흔들어보지만 류는 더 이상 반응이 없다. 비통함에 터져 나오는
눈물을 삼키는 손톱. 어느새 다시 몰려드는 수십 명의 일당들.
주먹을 꽉 쥐며 짐승 같은 차가운 얼굴로 변하는 손톱. 비녀를
뽑아 쥔다.

93   (현재) 조각의 집 / 밤

거울 속에 촤르르 풀리는 뒷머리. 조각이 비녀를 상자에 넣고
닫는다. 옷장 깊숙이 놓이는 상자.

94   병원 앞 / 낮

누군가 검은 비닐봉지를 들고 쓰레기통으로 다가가 툭 던져
넣는다. 그 시선 너머 평소처럼 1인 시위 중인 강선생이 보인다.
점심시간인지 사람들이 쏟아진다. 차에 타려고 나온 병원장
일행이 강선생을 못마땅하게 흘긴다. 그때 퍼펑- 쓰레기통에서

폭죽 소리가 들린다. 병원장이 멈춰 선다. 놀란 사람들이 몰리고
소동이 인다. 사람들을 챙기는 강선생. 혼동 와중에 목발을
짚은 후드 차림의 한 환자가 병원장과 어깨를 살짝 부딪친다.
병원장이 못마땅한 듯 돌아보는데…. 갑자기 커억, 심장을
부여잡더니, 푹 쓰러진다. 비명에 놀라 보는 강선생. 문득
아수라장 너머로 유유히 사라지는 목발 환자가 보인다. 후드
사이로 반백의 머리칼 한 줄기. 얼어붙은 눈빛. 쓰러진 병원장을
봤다가 돌아보는데 이미 사라진 후드! 강선생의 표정이
어두워진다.

INS. 툭- 길가의 의류 보관함에 던져지는 검정 후드와 반백의
가발.

95   경찰서 / 다른 날, 낮

강선생, 복잡한 표정으로 조사실에서 앉아 있다. 건너편 형사,
탁자 위에 서류 몇 장과 사진을 올린다.

형사   …특별한 사인은 없어 보이는데, 유족들이 하도
            성화라 조사를 좀 하고 있는데요. 보니까 정원장이

140

쓰러지기 전에, 살짝 접촉한 사람이 있더라고요.

병원 입구의 CCTV를 캡처한 몇 개의 사진을 내미는 형사.
강선생의 눈빛이 흔들린다.

형사   혹시 얼굴… 못 보셨나요?

강선생, 캡처 화면을 뚫어져라 본다. 입술이 미세하게 떨릴 뿐,
아무 말도 하지 못한다.

96   신성방역, 손실장 방 — 사무실 / 낮

손실장과 초엽이 명품 차림의 정윤섭(남, 30대)을 마주하고 앉아
있다.

정윤섭   …갑자기 그렇게 가실 분이 아닌데, 요즘
             스트레스가 엄청났어요. 병원장 재선은 임박했는데,
             인간들 수군거리지, 인터넷에 사람 죽인
             병원이라는 소문 돌지. 엄마 속이 어땠겠습니까!

복받쳐 얼굴을 가리며 흐느끼는 정윤섭. 그 바람에 손목의
롤렉스 시계가 돋보인다. 초엽이 뭔가를 캐치하고 갸웃한다.

손실장   어떻게 위로의 말씀을 드려야 할지.
정윤섭   위로는 됐고요. (강선생 명함을 내밀며) 이 인간. 처리
             좀 해주세요.
손실장   (명함을 살피며) 근데 그 정도 이유로…?

숨을 고른 정윤섭이 서류 가방을 턱 올려놓는다. 철컥, 열리면
골드바가 가득하다.

정윤섭   이 정도면 이유가 충분하겠습니까?
손실장   …납득이 되네요. (받으려는데)
정윤섭   (다시 당기며) 조건이 있는데….

CUT TO.

초엽이 강선생 방역 의뢰서와 조각의 동선과 겹쳤던 동물병원
홈페이지의 강봉회를 비교한다.. 타깃과 동일 인물이다! 서류를
받아 든 손실장에게 초엽이 조심스레 입을 연다.

| 초엽 | 근데, 대모님… 저 타깃이랑 구면 같은데… 이걸 받을까요? |

초엽	근데, 대모님… 저 타깃이랑 구면 같은데… 이걸
	받을까요?
손실장	(서늘하다) 그 따위 인연에 휘둘릴 사람인가요,
	대모가?
초엽	그건 아닌데요.

입을 다무는 초엽. 의뭉스런 시선을 던지고 나가는 손실장.

97   조각의 집 앞 – 부엌 / 낮

손실장이 조각 집 문 앞으로 다가와 주위를 살피고 초인종을 누른다. 골목 어귀에서 이를 흐뭇하게 지켜보는 투우. 잠시 후 조각이 나온다.

| 손실장 | 불쑥, 죄송합니다. 급한 일이라. |
| 조각 | …. |

CUT TO.

식탁에 마주 앉은 둘. 손실장이 내민 방역 의뢰서를 보고 있는

조각. 타깃은… 다름 아닌 강선생이다! 게다가 주문 사항에
"아이가 보는 앞에서 뒤통수를 처리!"라고 강조되어 있다.
미세하게 흔들리는 조각.

조각   원한이 지독한가? 애 앞에서 치라니.
손실장   이유요? 곤란한 게, 의뢰인 조건이 비밀 보장이라.

뭔가 의심스러운 조각. 투우가 떠오른 듯 돌려 묻는다.

조각   투우, 그 말 잘 듣는 놈 놔두고 왜….
손실장   아, 업자도 피해자 또래 여자로 지정해서, 이렇게
            직접 여쭙는 거구요. 딴 놈이 나섰다 지저분해지는
            것보단 대모님이 깔끔하게 정리하시는 게….
조각   어떻게든 하셔야 한다?
손실장   의뢰 들어온 이상, 이 사람 운명은 정해진 거
            아니겠습니까.

복잡한 속내를 감추고 마지못해하며 수락하는 조각. 그럴 줄
알았다는 표정의 손실장.

CUT TO.

병원장 사망 관련 뉴스를 찾아 잠시 들여다보는 조각. "급성 심정지, 병원장 돌연사…."

조각, 눈을 가늘게 뜨고 다시금 깊은 생각에 잠긴다.

98 신성방역 앞 / 밤

초엽이 입구 셔터를 내리고 잠근다. 주차장으로 걸어와 세워둔 스쿠터에 키를 꽂는데 몇 번을 돌려도 윙– 하며 헛도는 소리뿐. 답답해하는데, 그때. 스쿠터 거울 너머로 다가오는 누군가의 실루엣. 조각이다. 놀라 돌아보는 초엽. 서늘한 표정으로 점점 엄습해오는 조각.

조각   누구야, 의뢰인?

초엽   어, 대모님… 저한테 왜… 왜 이래….

당황하는 척하더니, 스쿠터 키로 확 내리치는 초엽. 하지만 바로 제압해 옷으로 덮고 목을 조르는 조각.

조각   강봉회가 왜 타깃이 된 거냐고?!

질식하는 초엽. 숨이 점점 막혀오자, 발버둥이 거세어진다.

초엽   캐묻는 자는 다 즉결처분. 대모님이 만든 룰이잖…!

끄어억. 숨이 넘어가는 순간, 초엽이 널브러진다. 풀어준 조각이
한심한 듯 일갈하고 떠난다.

조각   그건 물고기나 잡자고 만든 게 아냐. 바다를 잡기
        위해서지.
초엽   지금 배가 어디로 가는지 알지도 못하면서 무슨….

초엽의 애정 어린 말대꾸에 떠나던 조각이 멈춰 선다. 그제야
털어놓는 초엽.

초엽   강봉회가 지 엄마, 병원장을 죽였대요! 그래서
        복수하겠다고.
조각   그럴 사람 못 돼. 이유도 안 되고.
초엽   이상하긴 하지, 많이. 병원장 아들이라면서
        짭시계를 찼더라구. (조각이 관심을 보이자) 혹시
        몰라서 뒷조사 좀 해봤죠!

상가의 어둑한 복도에 들어서는 어두운 그림자. 희미한 빛이
새어 나오는 방으로 다가선다. 안으로 담배 연기가 자욱한
도박판. 긴장된 표정으로 패를 까보고 있는 정윤섭. 의기양양한
표정으로 얼마 남지 않은 칩 전체를 밀어 넣고 시계까지 풀어
턱 내민다. 마주 앉은 도박꾼이 눈을 흘긴다.

도박꾼 1   오우, 롤렉스 요트마스터!

정윤섭   올인! 금통이다, 새꺄. 됐냐? 까봐.

도박꾼 1   (시계를 콱 내려치자 와장창 깨진다) 깠다 새꺄. 짝퉁
갖고 어디서 작패질이야!

낭패인 듯 판을 엎어버리고 일어서는 정윤섭.

복도 끝 청소 도구함 옆. 정윤섭, 대걸레 빨래통에 씩씩대며
소변을 갈기고 있다. 거울에 비친 그림자가 조용히 다가온다.
여자다. 짜증 내는 정윤섭.

정윤섭   아, 뭘 봐. 가요, 그냥.

순간 정윤섭 얼굴이 빨래통에 처박힌다. 짓눌린 콧구멍에
날카로운 칼을 들이대는 조각.

조각   왜 강봉회를 죽여달라 했지?
정윤섭   네? 무슨… 모… 몰라요.

조각이 스윽 콧구멍 속으로 칼을 밀어 넣자, 뚝, 피 한 줄기가
흘러나온다.

정윤섭   진… 진짜 몰라요. 그냥 돈 받고… 시킨 대로 한
          거라고요.
조각   누구한테?
정윤섭   그것도 모, 몰라요. 진짜로. 통화로만… 했어요.
          여기 핸드폰!
조각   통화해봐.

허겁지겁 휴대폰으로 번호를 찾아 전화를 거는 정윤섭. 이내
연결된다.

148

정윤섭	저기… 그… 어떤 여자분이….
(투우)	할매, 지금 거기서 쭉정이랑 놀고 계실 때가
	아닌데…. 강선생 퇴근 시간이잖아?
조각	…!!!

101   강선생의 집 앞 / 낮

사탕을 입에 문 투우. 전화를 끊고 아파트를 올려다보더니
기지개를 펴고 일어선다.

102   차, 도로 / 낮

막 동이 튼다. 막힌 차들을 헤치고 다급히 내달리는 조각.
핸들에 핏대 선 손, 입술은 굳게 다물렸다.

103   강선생의 집 앞 / 낮

아파트 단지 입구. 조각의 차가 급히 들어서며 뒷바퀴가

미끄러진다. 저 멀리 현관으로 들어가는 강선생 뒷모습이
보인다. 차를 세우고 급하게 내리는 조각. 현관으로 뛰어가는데
반대편에서 오던 차가 조각을 친다. 쿵! 허공을 돌며 튕겨 나가
구르는 조각. 놀란 운전자가 나오는데, 아무렇지도 않은 듯 벌떡
일어난다. 다리를 절며 현관 입구로 뛰기 시작한다.

    (강선생)   잠시만요.

그사이 막 닫히는 엘리베이터를 불러 세우는 강선생. 닫히던
문이 다시 열린다. 안에는 주스와 조각 케이크가 담긴 봉지를
들고 헬멧을 쓴 배달원의 실루엣이 보인다. "고맙습니다"라며
타는 강선생. 문이 스르르 닫힌다. 그제야 뛰어 들어오는 조각.
한발 늦었다. 계단으로 뛰어 올라가는 조각. 3층, 4층, 5층. (INS.
손톱이 류를 구하려 달려가던 기억의 시공간이 겹쳐진다.) 급하게
꺾다가 청소 중인 경비원과 부딪친다. "괜찮으세요?" 넘어진
경비원을 일으켜주고 다시 뛴다. 한편, 강선생은 뒤쪽 배달원의
불온한 시선을 모른 채 층수를 올려다본다. 8층에 도착하는
엘리베이터. 강선생이 내리자 배달원도 따라 내린다. (뒤늦게
도착해 류의 최후를 목전에서 발견하는 손톱.) 계단을 힘겹게
오르다가 8층 목전에서 너무 힘겨워 멈춰 서는 조각. 거칠게
숨을 몰아쉬며 겨우 몸을 움직인다.

조각이 계단을 마지막으로 올라선다. 거칠게 숨을 몰아쉬는데, 띵동! 초인종 소리. 황급히 복도 라인으로 꺾는데, 배달원이 이미 물건을 놓고 돌아 나오고 있다. 조각이 긴장하며 품속의 칼을 움켜쥔다. 스치는 순간, 헬멧 바이저를 툭 올리며 휴대폰에 배달 확인을 하는 배달원. 투우가 아니다! 혼란스럽다. 810호 앞에 선다. 심장이 두근거린다. 안에 잔혹한 상황이 펼쳐졌을 것 같은 불안이 스친다. 손이 문손잡이를 향하는 순간, 문이 먼저 열리고, 강선생이 나온다.

강선생   아, 여긴 어떻게….
조각   …다행이네요.

영문을 몰라 긴장하는 강선생. 문 앞에 놓인 배달 봉지를 주워 든다.

강선생   시킨 게 없는데…. (하면서 영수증을 살피는데)

"무용 엄마가 보냅니다. 맛있게 드세요"라고 써 있다. 잠시 의아해하는 강선생.

강선생   고맙지만, 저희 걱정 너무 안 해주셔도 됩니다.

그럼…. (인사하고 안으로 들어가는데)

조각   저한테 뭐… 할 말 없나요?

조각이 어렵게 말을 꺼낸다. 강선생이 멈칫하고 돌아본다.

강선생   조금 야위셨어요. 끼니 잘 챙겨 드셔요.

조각   ….

조용히 문이 닫히자 복도 끝에 서 있는 남자, 투우가 보인다.

투우   우리도 커피나 한잔 할까.

104   카페 / 낮

조용한 카페 구석 자리. 마주 앉은 조각과 투우. 커피 두 잔.

투우는 천천히 홀짝인다. 조각은 손도 대지 않는다.

조각   왜 이렇게까지 복잡하게 굴어.

투우   소용없지. 스스로 생각하지 않으면.

조각   지금 가서 처리하지, 왜 내 앞에서 이러고 있냐고.

투우   그러게 왜지…. 그냥 끝내주는 전설이 보고 싶달까.

조각   실망했겠네.

투우   실망했지, 나한테. 이딴 허접한 걸 찾겠다고 평생을
         헤맸으니까.

조각   그만해. 그게 나라면 이미 찾았잖아.

투우   아니. 아직 못 찾았어. 그러니까 난 계속할 거고.
         당신은 절대 날 못 이겨.

INS. 그 시각, 강선생의 집. 주스와 조각 케이크 앞에서 해니와
윤여사가 웃으며 수다 중이다.
하지만 강선생의 표정은 불안에 잠겨 있다.

투우   당신은 지킬 게 있고, 난 잃을 게 없으니까.

조각   ….

투우 뒤로 부케 꽃다발을 든 사람들이 왁자지껄 들어와
자리한다. 투우가 코를 시큰거린다.

투우   24시간. 그 담엔 내 일 할 거야. 막든지 말든지
         알아서 해.

재채기를 참을 수 없는지 뛰쳐나가는 투우. 남겨진 조각.

머릿속에 무언가 스친다. 깊은 의심, 혹은 오래된 기억의 파편.

105   조각의 집 / 낮

장롱 속 가계부들 사이에 끼어둔 일지를 뒤지는 조각. 방역

대상 가족 중 아들이 있는지를 체크하고, 투우 나이대로 점점

좁혀간다. 문득, 뭔가를 발견한 조각. 1998년의 일지에 "방역

대상: 배종선, 요청 사항: 집에서 두개골 부술 것. 타살 미제로

남겨서 경고가 되게…" 등이 보인다.

106   (과거) 배도영의 집 / 낮

딩동. 초인종 소리에 자다 깬 얼굴로 문을 여는 배종선.

도우미로 위장한 조각이 꾸벅 인사한다.

조각   오늘부터 일하기로 한….

배종선이 다 듣지도 않고 침실로 들어가버린다. 지금이

타이밍일까? 생각으로 뒤통수를 예리하게 쳐다보는 조각.
반대편 식탁에서 그림을 그리고 있는 남자아이, 배도영이다.
금세 표정을 푸는 조각.

        조각   안녕.

힐끗 보더니 인사를 받지 않고 계속 그림을 그리는 도영.

CUT TO.

조각이 식탁 위 메모를 확인한다. "알러지 약 3종. 아이가
알약을 못 삼키니 가루로 빻아줘야 함" 등의 안내 사항들이
빼곡히 적혀 있다. 찬장을 열면 손절구가 있다. 꽉 잡고 휙휙
휘둘러본다. 만두 밀대도 만져본다. 거실 장식장에 놓인 작은
액자들의 사진을 둘러본다. 아이의 표정이 다소 경직되어 있다.

CUT TO.

이어폰을 낀 채 알약을 빻고 있는 조각. 아침 식사를 마친
도영이 꾸벅 인사 후 가방과 신발주머니를 들고 현관으로
뛰어간다. 쾅. 문이 닫히자, 웃음기를 없애고 이어폰을 빼는

조각. 그때 딸각. 안방 문이 열리며 배종선이 출근 채비로
나온다.

배종선   물!
조각   네. (얼른 잔에 따라 건네며) 식사는?
배종선   됐어.

그냥 나가버리는 배종선. 아쉬운 표정으로 뒤통수를 노려보는
조각.

CUT TO.

(도영)   다녀오겠습니다!

다른 날 아침. 가방을 멘 도영이 꾸벅 인사하고 나간다. 놓고 간
신발주머니가 의자 한켠에 놓여 있다. 이어 침실에서 나오는
배종선. 알아서 물을 따르는 조각. 배종선에게 물을 건네자,
살짝 들이켠 후 잔을 식탁에 내려놓는 배종선. 조각이 치우려고
잡는데, 그 손을 탁 잡는다.

배종선   얼마나 됐지?

조각   닷새요.

배종선   안 힘들어?

배종선의 손이 점점 위로 옮겨 간다. 잔을 놓아버리는 조각.
쨍그랑! 바닥에 깨지는 컵.

배종선   에이 참.

조각   죄송합니다. 얼른 치울게요.

배종선이 옷을 터는 사이, 무릎을 굽히는 조각. 바닥을 치우며
식탁 아래를 쳐다본다. 테이프로 붙여진 장도리가 보인다.
조각이 고민하는 사이, 현관 신발장의 구두를 꺼내는 배종선.
앉아서 신발끈을 동여맨다. 절호의 기회다! 달려가는 조각. 손에
장도리가 들려 있다. 배종선이 일어서려는 찰나, 퍽! 뒤통수에
내리꽂히는 장도리. 차가운 조각. 거침없이 장도리를 뽑아 든다.
검붉은 피가 튄다. 쓰러지는 배종선. 찰칵. 조각이 사진을 찍고
돌아선다. 순간, 띵! 현관문이 열리고, 도영이 들어선다.
놀라 돌아보는 현재의 조각 얼굴. 보고 있던 일지 자료들을
덮는다.

(조각)   니놈이 내 뒤통수를 노리는구나.

비장하게 신성방역을 향해 걸어 들어가는 조각의 뒷모습이
클럽 뒷문으로 걸어 들어가는 조각, 그리고 춤추는 사람들
사이로 잠입하는 조각의 뒷모습으로 겹쳐진다.

108   신성방역, 손실장 방 / 밤

소파 맞은편의 조각에게 납득되지 않는다는 얼굴로 묻는
손실장.

손실장   …뭐, 한성도 소굴을 친다고요?

조각   그래 생각 바꿨다. 난 내가 아는 신성방역다운 일을
          할 거야. 벌레를 잡고 아픈 사람 구원하는 일.

손실장   그냥 수의사 같은 껌이나 처리하고 끝내시지, 왜
          되지도 않는 벌집을 또 쑤시겠다고 난리세요?

조각   아들 내외 잃고 피 말라가는 홍여사, 그 얼굴
          떠올리면. 잠이 안 와.

손실장   진짜 전쟁이라고요! 거기 잘못 들쑤셨다간.

조각   우리랑 척지면, 그쪽도 골치 아픈 건 매한가지지.

조각과 손실장, 서로의 의심을 꾹 누른 채 날카롭게 마주 본다.

109 클럽 / 밤

VIP 룸이 늘어선 2층 복도. 한성도가 술에 취해 비틀거리는
여자를 룸 안으로 밀어 넣는다.

한성도   보나페띠!

신이 난 VIP들이 "이타다키마스!"라고 외치며 샴페인을 펑-
따서 한성도에게 마구 흩뿌린다.

CUT TO.

사무실. 짜증난 표정으로 거울 앞에서 물기를 턴다. 지켜보는
가드 1을 보고 한숨을 쉰다.

한성도   지겨워, 여친도 이렇게 안 보고 사는데, 너 이제
           꿈에도 나와. 차에 갈아입을 옷 좀 갖구 와.
           라면이나 먹자.

가드 1   네!

가드 1이 나간다. 커피포트에 물을 올리는데, 한성도의 이마에
움직이는 빨간 점. 거울에 비치는 실루엣. 뭐지? 하는데, 탕!
그대로 쓰러지는 한성도. 구석 선반 쪽에서 나타나는 조각.
테이저 건을 들고 있다. 부르르 떨면서도 골프채를 뽑아
휘두르는 한성도. 칼을 뽑아 든 조각이 점점 다가선다.

    한성도   뭐야…. 드디어 실물 영접인가?

    조각   남의 피눈물 빨아먹고 행복했니.

    한성도   전설이라며. 할망구였어? 근데 어떤 새끼가, 이런
              쭈그렁탱이를 보내! 누구냐고? 오광렬? 전인득?
              설마 홍마담?

    조각   (피식) 인기 많아서 좋겠네.

    한성도   뭐?

    조각   누구한테 죽는지가 무슨 상관이야. 왜 죽냐가
              중요한 거지.

조각의 일격! 한성도가 피하면서 저항하고, 만만찮은 격투가
벌어진다. 칼을 떨어뜨린 조각. 막 끓어오르는 커피포트로
한성도를 내리친다. 이때, 문이 열리고 쏟아져 들어오는 가드와

부하들.

110　(회상, 108신 연결) 신성방역, 손실장 방 / 밤

손실장　진짜… 대모님 혼자서 거기 힘듭니다.

조각　그렇게 걱정되면, 등대를 붙여! 투우 그놈으로.

손실장　예? 등대는 치욕이라고….

조각　내 생애 마지막 방역으로 하지. 죽든 살든 사라질

테니, 앞으로 여긴 니 몫이다.

손실장　하… 갑자기 훅 들어오셔서….

조각　바라던 바 아냐.

조각의 진심 어린 표정에 스며 나오는 미소를 감추는 손실장.

111　클럽 / 밤

구석으로 몰리는 조각. 그사이 가드 1이 한성도를 챙긴다. 그
와중에 본색을 드러내는 한성도.

한성도	너무 일찍 오셨잖아. 피크타임 아직 멀었는데.
조각	너 같은 놈들 때문에 내가 은퇴를 못 해.
한성도	얘들아, 어르신 초상 치러드려라!

바로 덤벼드는 부하들. 조각이 맞선다. 어지러운 틈을 타
비상구로 사라지는 한성도.

112 (회상, 110신 연결) 신성방역 앞 / 밤

조각이 밖으로 나서는데, 초엽이 계단을 뛰어와 걱정스레
퍼붓는다.

| 초엽 | 이건 아무리 해도 안 돼. 대모님이라도…! |

조각이 서늘하게 돌아본다. 건방진 충고 말라는 듯. 설움과
답답함에 욕이 터져 나오는 초엽.

| 초엽 | 알아서 해요. 씨발…. |

포기한 듯 돌아서서 계단을 내려가는 초엽.

바 옆으로 굴러서 빠져나온 조각. 바를 뛰어넘고 놀라는
사람들을 헤치며 뛴다.

(가드 1)　　야, 후드 잡아. 출입구 막고!

조각을 발견한 가드 1의 무전에 사방에서 몰려드는 부하들.
추격을 뚫고 인파를 헤쳐나가는 조각.

CUT TO.

어지러운 사람들 틈 사이로 빠져나와 화장실로 숨어든 조각.
다급히 손실장에게 전화를 건다.

조각　　　투우는?
(손실장)　개 왜요?
조각　　　어딨어, 지금!
(손실장)　미쳤다고 차기 에이스를 사지로 몰아넣습니까?

INS. 동물병원 앞의 투우. 병원을 노려보고 있다. 안으로 보이는

강선생은 평화롭다.

(손실장)　　　그리고 대모님, 연민이라는 것도 사람마다 쿼터가
　　　　　　있어요. 그거 그렇게 남발하시면 큰일 못하죠.
　　　　　　동물병원 강봉회, 목격자인데 사적 인연이 있다고
　　　　　　살려두셨죠? 그래서 방역도 포기한 거고. 너무 오래
　　　　　　사셨어요!

전화가 끊긴다. 조각, 낭패인 듯 굳어지며 거울 속 자신을 잠시
응시한다.

CUT TO.

사람들을 헤치고 튀어나와 출구를 찾는 조각. 문득 끝 쪽에서
한성도와 시선이 마주친다. 계단 쪽으로 사라지는 한성도.
조각이 계단으로 뛰어오른다. 막아서는 부하들. 그 와중에
후드가 벗겨지고 드러나는 흰머리. 더 자신만만하게 덤벼드는
부하들.

속 시원하다는 듯 넥타이를 풀어헤치는 손실장. 문에 기대 듣고
있던 초엽. 표정이 굳어진다. 관리자 메뉴 화면 앞에서 생각에
잠긴 초엽. 결심한 듯, '조각'을 검색하고, GPS 추적 기능을
활성화한다.

115   **클럽 / 밤**

복도로 빠져나온 조각. 막아서는 부하들과의 공방 중에
소화기를 발견하고 분사한다. 소화 가루 속에서 힘겹게 싸워
뚫고 나가는 조각. 어렵사리 도착한 뒷문 앞 복도. 한성도가
막 뒷문으로 사라진다. 조각이 서둘러 따라 나가는데, 갑자기
얼굴로 날아오는 몽둥이. 쓰러진 조각이 기다시피 뒷문을 향해
가는데 다시 날아오는 부하들의 타격. 무너지는 조각 앞에 스윽
나타나는 한성도. 병으로 머리를 내려친다.

한성도　　　아 진짜 질기네, 이 노인네.

조각이 올려다보며 일어나려 애쓰자, 다시 한번 내려치는

한성도. 그제야 실신하는 조각.

116   도로 / 밤

어디론가 질주하는 투우의 오토바이. 헬멧 안의 투우 표정이
아주 차갑다.

INS. (27신 연결) 신성방역 앞으로 뛰쳐나온 투우. 코너를 돈다.
저 앞으로 조각이 멀어지고 있다.

117   농장 / 밤

손실장과 영상통화 중인 한성도. 결박된 조각을 차서 구덩이
속으로 밀어 넣는 장면을 인증하고 있다. 떨어진 충격에 의식을
되찾기 시작하는 조각. 위로 한성도의 통화 소리가 들린다.

　　(한성도)　　애기가 다르잖아. 업장을 똥값으로 만들면

　　　　　　　　어쩌냐고!

　　(손실장)　　갔어도 몇번을 갔어야 할 양반이… 굴러온 복

앞에서 뭘 투덜대요. 둘 사이 원한은 내 손 떠났고,
알아서 푸서야지.

구덩이 아래에서 꿈틀대며 한성도를 노려보는 조각. 통화를
끝낸 한성도가 밀웜 통에서 밀웜 한 마리를 집어 들고 진저리
치며 앞에 선다.

한성도   우리 초면도 아니고 구면인데, 어쩔래요.
         사과할래요?
조각   …벌레 새끼.
한성도   네. 피차 좀 그렇죠? 피곤한데, 그만 쫑냅시다.

한성도의 고갯짓에 부하들이 통째로 밀웜을 붓기 시작한다.
"얘들아, 영양 보충 좀 해라!" 후두둑 얼굴 위로 밀웜 더미가
쏟아지자 어떻게든 몸을 일으켜보려고 애쓰는 조각. 손발이
묶여 있어 쉽지 않다.

118   신성방역, 홀 / 밤

손실장이 와인랙에서 와인 한 병을 챙겨 오프너로 따며

초엽에게 지시한다.

손실장	원칙대로 살처분됐으니까, 대모님 오늘부로 은퇴 공식화하고….
초엽	진짜, 이렇게 보내드린다고요?
손실장	왜? 더 좋은 방법 있어요?

와인 한 모금을 따라 요란스럽게 테이스팅하는 손실장. 허나,
초엽의 표정은 어둡다.

119　　(회상, 112신 연결) **신성방역 앞 / 밤**

사실 몇 계단 못 내려가고 서성이는 초엽. 진심을 느낀 조각이
귀엽다는 듯 묻는다.

조각	걱정돼?
초엽	(반갑게 돌아본다) …네.
조각	투우를 등대로 붙여, 니가 직접. 손실장은 생각 없어.
초엽	아, 근데 제가 붙인다고… 투우가 갈까요?

169

부하들이 한성도 앞으로 나서며 다가오는 투우를 막아서지만
분노한 투우의 칼질에 잔인하게 베인다.

INS. (29신 연결) 조각을 따라 걷는 투우. 후욱- 바람이 불어와
조각의 모자가 벗겨진다. 드러나는 회백색 머리칼. 돌아보는
조각. 넋을 놓은 투우 발 앞으로 날아온 모자. 조각이 성큼
걸어온다.

투우가 다급히 흙을 파내기 시작한다. 조각의 얼굴이 드러나자
재갈을 풀고 뺨을 치며 깨우는 투우.

    투우   정신 차려!

힘겹게 숨을 토해내는 조각. 투우가 조각을 당겨 손을
풀어주는데, 뒤통수로 엄습하는 한성도의 삽날! 순간, 조각이
투우를 확 당겨 껴안아버린다. 헛스윙 탓에 휘청이며 구덩이
속에 빠지는 한성도. 허겁지겁 기어오르는데, 삽날로 목을
찍어버리는 조각. 피가 터진다. 투우가 조각을 오토바이에 태워
떠난다.

깊은 어둠을 가로지르는 투우의 오토바이. 뒤에 탄 조각의 손이
투우의 허리를 꽉 감싼다.

INS. (29신 연결) 모자를 주워 들던 투우의 손을 스치는 조각의
손. 조각이 조용히 낚아채듯 모자를 가져간다. 그 손끝을
바라보며 멍하니 서 있는 투우. 손에 스친 촉감을 입술로
복기한다. 푹 터져 나오는 웃음.

미소를 띤 투우. 등에 기댄 채 서서히 감기는 조각의 눈.

122　　조각의 집 앞 / 밤

눈을 뜨면, 조각의 집 대문 앞에 서 있는 오토바이. 조각이 내려
헬멧을 건네면서 투우를 다잡는다.

조각　　밥 먹고 가.

투우　　그 꼴로 뭔 밥을 해.

조각　　동료한테 밥 한 끼 정도는 해줄 수 있어.

조각의 표정이 단호하다. 투우는 뭉클해진 얼굴이다.

거실 바닥의 밥상. 따뜻한 밥과 국이 있다. 투우는 맛있게
퍼먹지만, 조각은 보고만 있다.

투우   보통 사람.

조각   뭐?

투우   보통 사람들은 이렇게 자주 밥을 먹겠지?

조각   ….

투우   기억나. 어쩌다 이런 일 시작했는지?

조각   …쓸모.

투우   응?

조각   …어릴 적 너무 배고파서 옆집 도라지를 훔쳐
         먹었는데, 산삼이었어. 그 돈값 치르느라 집안
         말아먹고 쫓겨났지. 식모살이 전전하다 툭하면
         얻어맞고, 버림받고, 또 도망치고…. 다들 나가
         죽으라고, 정말 아무짝에도 쓸데없다고들 했어.
         (INS. 눈길에서 설화를 구해주는 류) 그런데 누군가

처음으로 날 가족으로 품어주고…. (INS. 류의 집에 정착하고 식사를 함께 하는 손톱) 내가 세상에 쓸모가 있다고 알려줬어.

투우가 조용히 귀 기울이며 물잔을 집어 든다.

CUT TO.

체리보이 식당의 평상. 획! 얼굴로 날아오는 컵. 확 피하는 손톱. 벽에 깨진 파편이 튄다.

류   그러니까, 막 피하면 안 된다고. 아무 때나 반사
            신경을 까지르면, 나 업자요! 라고 유세하는
            거잖아. 머리가 깨져도 감출 줄 알아야 해. 알았어?

긴장한 채 보는 손톱에게 편안히 웃어주며, 새 잔에 술을 따라 건네주는 류.

류   왜 이 일을 하냐고 물었지? 매력적인 일도 아니고,
            정의 실현도 개소리지. 그냥… 쥐새끼들 잡아주고
            받은 돈으로 나중에 폐인 되었을 때 근근이 살 수

있으면, 그걸로 족해. (잠시 침묵, 술을 한 모금 마신
후) …그런데 말야. 가끔은 생각해. 나는 이보다 더
신성한 일을 알지 못해. 우리 한 사람, 한 사람이
세상을 구하고 있는 거거든. 아무도 모르지만 말야.

경외심의 눈빛으로 잔을 들어 마시는 손톱.

CUT TO.

마시던 물잔을 내려놓는 투우. 포만감에 느긋해져 있다.

투우	부럽네. 나한테도 그런 가족 비슷한 사람이 있었어. 아주 잠깐….
조각	….
투우	어때, 우리 처음 만났을 때도 기억나?

INS. 가정부로 들어온 첫날. 조각을 쳐다보는 도영. 아무렇지도
않은 척 그림을 계속 그린다.
INS. 학교를 가기 위해 현관문을 나서다 멈추고 설레는
표정으로 슬쩍 돌아보는 도영.
INS. 가루로 개어진 알약을 받아먹으며 조각을 올려다보는

도영. 약을 잘 삼킨다.

INS. 그리고 현관문을 열다가 발 앞으로 툭 떨어지는 시체에
놀라서 내려다보는 도영.

피 묻은 뒤통수에서 화면 올라가면 현재의 조각이 투우의 눈을
담담히 보고 있다.

조각 그게 25년 전인가…. 미안하다. 도영아.

투우 (감동한 눈빛) 우와… 감동이다. 그럼 내가 왜
     구하러 갔는지도 알았겠네?

조각 직접 끝내도 시원찮을 판에, 해묵은 복수가
     시시하게 남의 손에 끝나서야 되겠어? 끝까지 갖고
     놀아야지.

조각의 돌변한 눈빛. 순간, 비틀대며 바닥을 짚는 투우.
웃음기가 사라진다.

투우 …일부러 실패한 거였어?

조각 반반. 진짜 올 줄은 몰랐지.

투우 어쩐…지… 너무… 너저분…했어….

점점 말끝이 흐려지더니 밥상을 헛짚고 바닥으로 쿵 쓰러지는
투우.

CUT TO.

테이블 아래 바닥으로 쿵 쓰러지는 손톱. 비틀거리며 방금 먹은
걸 토해내려 애쓴다.

류   그렇게 주는 대로 넙죽 받아먹다가는, 골로 가기
            십상이지. 특히 동료라고 믿는 순간 말야.

차갑게 손톱을 훈련시키는 류의 이미지가 의식을 잃은 투우를
서늘하게 보는 조각으로 이어진다.

124　　도로, 차 안, 저수지 / 밤

하늘에서 본 저수지. 해골 모양으로 기이하다. 끼익- 저수지
앞에 멈춰 서는 조각의 차. 뒷좌석에 포박된 채 쓰러져 있는
투우. 희미하게 정신을 차린다. 핸들을 잡은 조각의 깨진 손톱이
눈에 들어온다.

투우   당신 원래 이름 손톱이었다면서… 왜 바꿨어?

조각   그건 사람한테나 붙이는 말이지. 짐승 발톱에

          할퀴었다고 생각해. 지옥에서 보자!

부웅- 뒤로 후진하고 사이드를 채우고 급가속을 하는 조각.
속도계가 치닫자 사이드를 풀고 돌진한다. 추락 직전,
차 문을 열고 뛰어내리는 조각. 저수지로 추락해 가라앉는 차를
서늘하게 내려다본다.

125   신성방역, 홀 / 새벽

손실장, 누구와의 긴 통화를 끝내고 고개를 떨군다. 깊은 한숨.
그 순간, 툭- 앞에 던져지는 헬멧. 돌아보면 어느새 조각이
다가와 있다.

조각   니가 아끼는 놈은 골로 보냈다.

당황한 손실장, 의아한 듯 초엽을 노려본다. 초엽이 자신이
투우를 보낸 것을 시인하는 듯 고개를 살짝 숙인다. 손실장,
모든 걸 알아내고 체념의 눈빛으로 다시 한숨을 내쉰다.

손실장   그냥… 조용히 가셨으면 진짜 전설로 남고
          좋았잖아요. 왜.
조각   됨됨이를 알려면 권력을 줘보라고 했다. 어땠니.
          스스로를 살펴보니.
손실장   언제 주기나 했어요. 기저귀 차던 꼬마가 많이
          컸다고, 정글에서 풀때기만 뜯는다고, 맨날
          모욕만 주고. 대자한테 고생했다고 한마디 해주는
          게 그렇게 힘들어요? 다 우리를 위해서 그런
          거라고요!

울컥한 손실장이 옆에 세워둔 지팡이를 잡아채려는 순간,
초엽이 빗칼을 뽑아 손등을 그어버린다. 지팡이를 놓치고 휘청
쓰러지는데 조각이 손실장의 머리를 의자에 짓누르며, 목에
칼을 겨눈다.

조각   그래, 애썼구나.
손실장   ….
조각   니 아버지라면 어떤 선택을 했을까.

조각의 움직임에 눈을 질끈 감는 손실장. 그 앞에 조각의 칼이
툭 던져진다.

CUT TO.

초엽이 문 앞으로 조각을 배웅하며 말을 던져보지만,
돌아보지도 않고 떠나는 조각.

초엽   …할 거죠? 아직 못다한 일들.

조각   다 태우고, 너도 떠나!

(INS) 옥상에 홀로 선 손실장. 달빛 아래 무척 쓸쓸하다.

126   조각의 집 앞 / 새벽

여느 때처럼 집 앞에서 잠시 멈추고 대문을 바라보는 조각.
달빛에 그늘진 주름이 유난히 깊어 보인다.

127   조각의 집 / 새벽

문이 닫히자, 조각이 소파에 잠시 등을 기댄다. 지친 숨,
무너지는 어깨. 그때 무용이 졸린 눈으로 다가와 꼬리를 흔든다.

조각, 무용의 머리를 조용히 쓰다듬는다. 거실엔 정리 안 된
하루의 흔적들.

투우의 옷가지, 빼낸 칼, 지갑. 그 앞에 멈춰 앉아, 조심스레
물건들을 들춰본다. 지갑 속에서 무언가 삐죽- 접혀 있는
종이를 펼치면, 해니의 초대장이다. 잠시 그 글귀를 바라보다,
서랍장을 열고 곱게 개어둔 카디건을 꺼내 든다. 손끝으로
감촉을 느끼며, 코끝에 가져간다. 그 향. 누군가를 오래도록
기다렸던 집, 혹은 한때의 따스함. 조각, 눈을 감는다. 오래된
기억 속 어딘가로 짧게 다녀온다.

128　　**공연장 / 낮**

아이들이 무대 위에서 공연 중이다. 강선생과 윤여사가
휴대폰으로 촬영에 한창이다. 아이들의 실수 때마다, 웃음과
박수가 쏟아진다. 한편, 좌석 맨 뒤쪽에서 무대를 몰래 훔쳐보는
시선이 있다.

CUT TO.

공연이 끝난 후 무대 뒤에서 복도 끝에 나타난 누군가를

알아보고 반갑게 뛰쳐나가는 해니. 아이들을 기다리는 학부모들 사이의 강선생과 윤여사. 문이 열리고 아이들이 달려 나와 각자 부모 품에 안겨 재잘댄다. 두리번거리며 해니를 찾는 강선생과 윤여사. 하지만 끝내 보이지 않자, 한 교사를 붙든다.

강선생　　저 선생님.

교사　　　어? 안녕하세요 해니 아버님.

강선생　　저희 해니는…?

교사　　　해니요? 제일 먼저 나갔는데….

강선생　　예?

그때 강선생에게 도착하는 한 통의 메시지. 이를 확인하는 강선생의 표정이 사색이 된다.

CUT TO.

사람들이 빠져나가고 있는 공연장 구석 어딘가. 조각이 선뜻 들어서지 못하고 서성이는데, 갑자기 누군가 뒷덜미를 낚아챈다. 조각, 반사적으로 인중을 찍고, 팔꿈치로 복장뼈를 쳐 벽에 갖다 박는다.

강선생   잡았다…!

오히려 멱살이 잡힌 채로 노려보는 강선생. 조각이 의아한
표정으로 손에 힘을 푼다.

조각   미안해요. 갑자기 잡는 바람에.
강선생   이건… 아니잖아요. 왜 어린 애까지….

흥분해서 제대로 말을 못하며 입에 고인 피를 뱉어내는 강선생.
예사롭지 않은 모습이 낯설다.

조각   무슨?
강선생   이거… 보고도 모른 척하실 거예요?

휴대폰으로 낯선 번호의 문자를 보여준다. 조각이 읽는다.
화면에 문자가 써지고, 저수지 밑으로 가라앉는 차 속의 투우로
바뀐다.

(투우)   지옥문 앞에서 생각해봤는데, 해니가 참
           불쌍하더라고. 우리처럼 혼자 남겨질 뻔했잖아.
           겪어봐서 내가 그 기분 잘 알거든.

INS. (124신 연결) 가라앉는 차 속. 상실과 설움에 잠겨
중얼거리는 투우. "나한테 왜 이래. 용서해주러 왔잖아…"
불현듯 분노로 일그러지더니 결박을 풀려고 몸을 비틀기
시작하는 투우. 허나, 조여진 매듭은 빈틈이 없고 숨이
막혀올 뿐. 마구 비트는 와중에 왼손 반지에서 날카로운 날이
튀어나온다.

    (투우)   이해하지? 그럼, 할매 혼자만 와. 꼭. 해피랜드.

굳어진 조각. 손에 경련이 일어난다.

    강선생   당신 진짜 누구예요? 바라는 게 뭐냐고요!
    조각   신고는 절대 안 돼요. 내가 데리고 올 테니까….
    강선생   말 같지도 않은 소리! 아니… 신고… 신고부터…!
             (흥분해서 휴대폰을 뺏으려고 하지만 쉽지 않다)
    조각   믿어! 해니는 무사할 거야. 그놈은 날 노리는
             거니까.

강선생이 울먹이자, 조각이 힘을 풀어 휴대폰을 건네고, 차갑게
발걸음을 돌린다.

강선생		…내가, 그날 살려서 그런 거죠? 살려서는 안 될

		사람을… 살려버린 거죠?

아무 말 못하는 조각. 자신을 살려서가 아니라, 그를 쳐다봐서
이렇게 된 걸 어찌 이해시키나.

강선생		그래도… 후회 안 합니다. 치료해드린 거요. 당연히

		해야 할 일이었으니까….

잠시 멈춰 선 조각. 돌아서서 고개 숙여 인사하고 다시 갈 길을
간다. 마지막이라고 직감하는 듯. 강선생이 바닥에 떨어진
쇼핑백을 본다. 잘 개어진 카디건, 해니를 위한 작은 꽃이
보인다.

**129		조각의 집, 마당 / 낮**

마당 한켠에 앉아 생각에 잠긴 조각. 천천히 마당을 거니는
무용을 골똘히 살피고 있다.

낡고 버려진 놀이공원. 멈춰진 회전목마 위에 올라타 있는 해니.
투우가 해니를 골똘히 살피고 있다.

131　　**조각의 집, 안팎 / 밤 - 새벽**

마당의 항아리들 사이로 땅을 판다. 파묻힌 항아리 속에서
총기류 뭉치를 꺼낸다. 일지가 태워진다. 무용을 씻긴다. 새벽
미명에 잠에서 깬다. 칼날을 숫돌에 간다. 그 위로 비치는
조각의 단호한 얼굴. 칼과 총을 채운 홀스터와 벨트를 차고
점퍼를 입는다. 부엌 창을 열어주고, 그릇에 사료를 붓는다.

조각　　　내 말 기억하지? 무용아?

웬걸, 웅크린 무용이 미동도 없다. 흠칫하는 조각. 무용의
엉덩이 아래 푸르스름한 똥이 퍼져 있다. 떨리는 손으로 목에
손가락을 대는 조각. 긴 숨을 내쉬며 잠시 쓰다듬어준다. 탁-
부엌 창이 닫힌다.

조각의 차가 어디론가 향하고 있다. 최씨와 통화 중인 조각.

조각   내일까지 연락 없으면 우리 집 좀 따고 들어가봐.

(최반장) 다짜고짜 뭐여?

조각   개 한 마리가 누워 있을 거야.

(최반장) 언제 개를 다 키웠대요?

조각   안 키웠고 굴러들어 와서 그냥 옆에 둔 거야. 갈 때
        돼서 잘 갔어.

(최반장) 가만, 무슨 일 있….

툭 끊어버리는 조각. 외곽 도로로 들어서는 조각의 차.

133   **폐단지 / 낮**

산속 깊숙한 도로를 지나 절벽 위로 괴괴한 분위기의 폐단지로
향하는 조각의 차. 멀리 솟은 간판에 '해피랜드'라고 적힌
유원지 너머로 폐건물이 보이는 곳으로 가까워진다.

뼈가 앙상한 폐건물 앞으로 천천히 들어서는 조각의 차. 순간, 탕! 앞유리를 뚫고 날아오는 총알. 탕! 5층 저격수의 총이 다시 한번 운전석을 맞힌다. 차가 스르륵 멈춰 선다. 용병 1, 2가 총을 들고 멈춘 차에 다가와 차 문을 여는데, 운전석에 엎어진 남자는 조각이 아니다. 그때 건물 뒤편에서 3층으로 오르고 있는 조각. 안쪽을 살피는데, 서성이는 그림자 여럿이 보인다. 살짝 드러난 모습은 투우가 아니다. 순간, 위쪽 5층 너머로 어린아이의 흐느낌 소리가 들려온다. 조각이 재빨리 올라가려는데, 싸하다. 격철이 후퇴하는 진동. 순간 빠르게 한 손을 놓고 몸을 빼는 조각. 탕! 바로 얼굴 옆으로 총탄이 날아와 박힌다. 반사적으로 방아쇠를 당기는 조각. 총을 맞고 나가떨어지는 용병 3. 밑에 있던 용병들이 조각을 향해 몰려온다. 조각이 서둘러 건물로 들어가 눈에 띄는 용병들을 해치운다. 총소리에 다급해진 발소리들. 2층에서 올라오고, 4층에서 내려오며 조각을 협공한다. 5층 저격수도 조각을 계속 노린다. 맞서면서 5층을 살피는 조각. 어느새 용병들 시야에서 사라진 조각. 5층에서 아래를 노리고 있는 저격수 뒤를 급습하고 처치하는 조각. 저격수의 총이 떨어지자 조각의 위치가 노출된다. 빠르게 조각을 향해 움직이는 용병들. 5층을 살피지만, 해니는 없다.

대신 주변에 널브러진 폐자재와 밧줄을 발견하는 조각. 결심한 듯 아래로 확 뛰어내리는데…. 동시에, 밧줄에 팔과 다리가 묶인 저격수 시신이 기둥에 탁 걸려 고정된다. 밧줄 가운데를 잡은 조각이 스윙하며 총을 발사한다. 4층과 2층의 용병들 머리가 터지며 쓰러진다. 3층에 굴러서 착지하는 조각. 꿈틀거리는 용병에 확인 사살. 탄창이 바닥나자 떨어진 베레타를 수거한다. 양쪽에서 몰려드는 용병들과 빠른 근접전이 펼쳐진다. 격렬한 전투 속에 마지막 용병을 해치우며 계단 아래로 함께 구르는 조각. 겨우 몸을 일으키자 메인 건물로 이어진 브리지 너머로 사라지는 실루엣이 보인다. 몸을 일으켜 브리지를 건너는 조각.

사방을 경계하며 폐교실이 가득한 메인 건물의 복도로 들어서는 조각. 빈방들을 지나 중앙 계단 쪽에 다다르는 순간, 탕! 총알 하나가 왼팔을 스친다. 헉! 기둥 뒤로 숨는 조각, 숨을 몰아쉬며 팔에 손수건을 묶는다. 다시 계단 쪽을 향해 응사하려고 하는데, 이때 들리는 투우의 목소리.

(투우)   애들은 건들지 않아. 그게 당신만의 룰이지?

자루를 든 투우가 칼을 돌리며 내려오고 있다. 살짝 보는 조각. 쿵- 자루를 바닥에 내려놓는 투우. 테이프로 입이 막힌 해니의

신음 소리가 들린다. 조각의 인상이 구겨진다. 계단 아래로
자루를 굴리는 투우. 또 다른 용병, 이대위(남, 40대)가 총을
겨누고 뒤따른다.

조각   차지 마!
투우   미안. 난 당신이 아니라서.

보란 듯 자루를 밀어 아래로 굴리는 투우. 총을 바닥에 던지며
천천히 나오는 조각. 그러자 투우가 부대를 발로 차버린다.
조각이 몸을 던져 자루를 받친다. 동시에 조각의 이마를
짓누르는 이대위의 총.

투우   지루해 죽는 줄 알았네. 결국 못 기다리고 내려오게
         만들어?
조각   그래서 기껏 준비한 게 이런 촌극이냐?
투우   해묵은 복수가 시시하게 끝날까 봐 걱정했잖아?
         하긴, 동료들이라고 있는 게, 정도껏
         덜떨어졌어야지.

순간, 조각에게 총을 겨누고 있는 이대위의 표정이 굳어진다.

이대위	뭐? 어린놈의 새끼가 진짜 보자 보자 하니까 뵈는
	게 없냐.

해니가 든 부대 앞에 쭈그리고 앉아 나른한 표정으로 보는 투우.

투우	이대위님, 선금 다 땡겨드렸는데, 뭐 문제
	있으신가?
이대위	선금이 대수야? 니 병신 짓에 다 죽어나갔는데!

칼로 부대를 톡톡 건드리는 투우. 긴장하는 조각. 둘의 대화
사이에 부대에 깔린 팔을 조금씩 빼낸다.

투우	그 실력에 거금 땡기고 총알받이라는 것도
	모르셨어?
이대위	뭐어? 이 개새끼가!

조각을 노리던 총구가 투우를 향해 확 돌고, 이대위가 방아쇠를
당기는 순간, 바닥에 주저앉아 있던 조각의 총이 그 팔을
쏜다. 이대위의 총알이 투우의 머리를 스쳐 계단참에 박혀
먼지를 일으킨다. 악- 손목이 뚫린 이대위가 총을 떨어뜨린다.
욕지거리와 함께 몸을 날려 무릎으로 조각의 어깨를 찍고,

한 손으론 총을 쥔 조각의 손목을 비틀고 다친 손으로 총을
빼앗는다. 이어 개머리판으로 조각의 얼굴을 내리친다. 조각의
시야가 피로 가려진 사이, 몸을 일으켜 배를 짓밟으려는 순간,
조각이 두 발목을 벅나이프로 그어버린다. 바닥으로 구르며
울부짖는 이대위. 손에 쥔 총을 조각 얼굴에 대고 당기는데
이번에는 빈 탄창 소리만 요란하다. 화를 내며 총을 팽개치는
이대위. 투우가 비웃는다.

투우   거봐. 만만한 사람 아니라니까.

조각도 피투성이가 된 얼굴로 간신히 몸을 일으킨다.

투우   (차 키 툭 던지며) 올라가서 잔금 후하게 쳐줄게.

노려보던 이대위. 차 키를 주워 들고 어기적 기어서 내려간다.
한심하게 보던 투우, 부대에서 해니를 꺼낸다. "해니야!" 조각이
막으려고 나서보지만 투우의 가벼운 발길질에 나가떨어진다.

투우   실망스럽게 왜 이래? 내가 수틀려서 애까지 죽이면
            어쩌려고?

손발이 묶인 해니, 조각을 보자 울먹이기 시작한다.

해니   할머니….

쓰러진 조각 앞에 이대위가 놓친 권총이 보인다. 힘겹게 권총을 집어 들며 몸을 일으키는 조각. 하지만 투우의 예리한 칼날이 이미 해니의 귀를 누르고 있다. 작은 목이 파르르 떨린다. 투우 머리를 조준하는 조각. 갈등한다. 머리를 날려도 해니의 귀가 잘리는 걸 막진 못한다. (예전 방역 때의 경험과 슬퍼할 강박사의 눈물이 스친다.) 그 생각을 읽은 투우가 빙긋 웃고, 조각은 어쩔 수 없이 총을 내려놓는다.

투우   나머지도!

조각이 홀스터를 풀고, 허리 뒤에 숨겨둔 백업 건 벨트 전체를 바닥에 던진다.

조각   어떻게 하면 애를 돌려보내줄래?
투우   뭘 돌려보내. 재주껏 데려가면 되지.
조각   …왜 우리 사이에 끝까지 강선생을 끌어들여?
투우   그건 내가 묻고 싶은 말인데. 난 청소해야 될 쓰레기고, 그 수의사는 지켜줘야 할 대상인가?

조각   그런 거 같구나.

투우   왜 난 안 돼. 난 왜 아무리 노력해도….

부아가 치미는 듯 중얼거리는 투우, 무섭게 조각을 노려본다.

투우   그쪽이야말로 폐기물이지. 늙고 쓸모없어졌잖아.

조각   누구는 늙고 쓸모없어졌다고 버려선 안 된다던데.

투우   당신은 강선생 절대 못 지켜. 죽일 거거든. 그
        가족들도 전부 다!

말이 끝나기도 전에 조각의 광대뼈에 날카로운 통증과 함께
붉은 피가 스며 나온다. 그나마 반사적으로 팔을 쳐내 칼날
방향을 바꾼 것. 아니면 이마의 자상으로 시야가 막혔을 것.
조각이 재빨리 벅나이프 하나를 주워 든다. 그사이 벽에 기대
있던 해니가 슬슬 눈치를 보며 계단 쪽으로 향한다. 이제,
조각이 투우의 늑골 하단을 노리고 칼을 휘두른다. 하지만
빗나가고, 되레 투우가 나이프 손잡이로 조각의 등을 찍더니
무릎 뒤 관절을 걷어찬다. 나동그라지는 조각. 고통에 한동안
움직이지 못한다.

투우   그래갖고 뭘 지켜….

한숨을 내쉬는 투우. 기둥으로 성큼 다가가 해니의 머리카락을
잡고 건물 끝 쪽으로 끌고 간다.

투우   계속 이렇게 시시하면, 애부터 던진다.

놀란 해니가 울음을 터뜨리자, 조각이 이를 앙다물고 무릎을
세워 일어선다. 순간, 콰광- 엄청난 굉음과 진동에 다시 주저
앉고 만다. 건물 밖에서 폭음과 함께 불길이 치솟는다. 차에
기어서 올라탄 이대위가 시동을 거는 순간, 차가 폭발한 것.
겁에 질린 해니는 입을 막아 울음을 참고 콧물을 삼킨다.

투우   이걸 어째. 이긴 쪽이 할매 차 몰고 가야겠네.
조각   잘못 배웠구나. 남을 벌레 취급하면 너도 벌레처럼
          하찮아지는 거다.
투우   미안. 난 독학이라….
조각   (제대로 싸울 의지를 내보인다) 죽여도 되니?
투우   안 그럴 생각이었어?

해니를 다시 팽개치려던 투우, 문득 움켜쥔 머리카락이

194

손목시계 줄에 걸린 걸 보고 머리카락을 칼로 잘라버린다.
해니가 미세하게 엉덩이를 비벼가며 조금씩 멀어지려고 애쓴다.
조각이 투우 어깨너머로 꿈틀거리는 해니의 탈출 의지가
확인되는 순간, 슈욱- 이어, 빠르게 날아오는 투우의 칼날,
조각의 목을 노리는데, 손목으로 겨우 막는다. 손목에 그어진
붉은 금에서 피가 흩날린다. 조각이 측면으로 몸을 낮춰 다시
경동맥으로 날아오던 칼날을 피하고 벅나이프를 수평으로
질러 투우의 허벅지를 찌른다. 탄력 있고 질긴 근육의 파열감이
손잡이로 전해지는 찰나, 투우가 팔로 조각의 눈을 후려치는
바람에 미처 칼을 뽑지 못하고 나가떨어진다. 조각이 양미간과
무명골의 통증을 추슬러 몸을 일으키는 데에 시간이 걸린다.
그사이 투우는 외측광근의 일부가 툭툭 끊어지는 소리를
들으며 칼을 천천히 뽑는다.

투우   이거 나 주는 거야?

투우의 양손에서 피에 젖은 칼들이 깃털처럼 가볍게 회전한다.
조각, 또한 다급히 옆주머니에서 예비 칼을 뽑는다. 하지만
작다. 조각이 비실거리는 것 같지만, 이미 자세는 갖추고
있으므로, 투우는 조각의 빈틈을 찾아내기 위해 한 걸음씩
절룩거리며 다가간다.

투우   아무래도 좀 불공평하지? 하나 버릴까?
조각   편할 대로. 근데 후회할 거다.

순간, 눈앞으로 벅나이프가 수차례 작은 원을 허공에 그리며
날아온다. 조각은 뒤로 몸을 빼 아슬아슬하게 피한 줄 알았으나
허벅지에 칼날이 박혀 있다.

투우   나 분명히 돌려줬다.
조각   그거 고맙네.

신음 섞인 심호흡 끝에 칼을 뽑아 쥔 조각. 작은 쪽을 버린다.
왼손목에 손수건을 감아 출혈을 막는다.
그사이 슬금슬금 뒷걸음질 치고 있는 해니, 드디어 층계에
닿는다. 때마침 층계참에 액정이 깨진 휴대폰이 눈에 띈다.
이대위가 기어 내려가다 흘린 것. 해니가 슬쩍 눈치를 보고
얼른 입으로 액정을 터치한다. 긴급통화 버튼이 나오자 112를
혀로 입력하려고 애쓰기 시작한다. 밖으로는 차체 타는 소리가
시끄럽고, 기둥 너머에선 미친 듯한 아저씨와 허약한 할머니가
섬뜩한 칼날과 비명을 주고받고 있다. 겨우 112를 입력한 해니.
바닥 전화에 엎드려 귀를 대고 침착하게 신고를 한다.

(경찰)   네, 112입니다. 무슨 일이세요?

해니   저 납치당했어요. 아빠한테 전화 좀 해주세요.

           010….

(경찰)   아, 네. 어린이, 이름이 어떻게 되세요?

해니   저, 강해니요. 빨리 위치 추적해서 저 좀

           구해달라구요.

순간, 휙 빼앗기는 휴대폰. 투우다. 휴대폰을 벽에 던져
부숴버리고 바로 해니를 그을 듯 노려보는데, 순간 투우의 등을
베는 조각. 해니가 비명을 지르며 뒷걸음질 치다 층계 아래로
구른다. 투우도 곧바로 조각의 목에 칼을 날리는데 몸을 틀며
팔을 쳐낸다. 덕분에 간신히 턱을 베이는 선에서 방어한 조각.

투우   이번엔 꼭 기억해. 할머니가 뿌린 씨앗이란 거.

조각   …?

투우   난 누구랑 다르게 약속은 지키는 사람이거든!

조각   약속?

투우   이제 와서 그게 궁금해?

투우는 설렁설렁 싸우면서도 예리하게 칼날을 퍼부으며 즐기는
눈치다. 이리저리 밀리며 쇄골 아래쪽으로 이미 피를 많이 흘린

조각. 어룽거리는 시선으로 해니를 살펴보는 조각. 자신이 먼저
당하면, 해니도 당한다, 경찰이 올 때까지 더 시간을 끌어야
해, 라고 생각하는데, 순간, 조각의 늑골 아래를 칼이 깊게 베고
지나간다.

　　투우　　　뭔 생각을 하고 있어. 멍청하게.

문득, 해니 쪽을 돌아보는 투우. 조각의 의도를 파악했다.

　　투우　　　…시간 끌고 있는 거야, 경찰 오라고?

모욕감과 함께 공허감이 차오르며 차갑게 식는 투우의 얼굴.

　　투우　　　후… 제발. 나를 보라고. 나를!!!

마침내 단번에 끝내겠다는 듯, 칼끝을 돌려세우고 거칠게
달려드는 투우. 조각도 칼을 돌려 잡는다. 투우가 조각의
경동맥을 노리고 칼날을 밑에서 위로 치올린다. 순간 조각이
몸을 뒤로 완전히 젖히며 무릎을 꿇는다. 투우의 예상과는
달리 칼날이 경동맥 대신 허공을 가로지른다. 대신, 넘어지는
척하던 조각의 칼이 투우의 하복부에 꽂힌다. 놀란 투우가

198

감탄한 얼굴로 내려다보는데, 조각이 칼을 간 부위까지 올려
긋는다. 털썩- 투우가 조각 위로 넘어지며 연인들의 포옹처럼
포개어진다.

잠시 후 조각이 투우를 뒤집어 힘겹게 밀어낸다. 목에서 피가
막힌 듯 숨을 제대로 못 쉬는 투우. 조각이 기도가 막히지 않게
뭉친 점퍼를 투우의 등에 받쳐준다. 투우가 피를 와락 토해낸다.

조각   너무 억울해하진 마라. 나도 곧 따라갈 것 같으니까.

이내 고통을 줄이려는 듯 벅나이프를 똑바로 쥐는데, 어딘가
익숙한 느낌이 든다.

투우   재밌었지…?

힘겹게 손을 뻗어 멀리 가리키는 투우. 보면 손끝에 '해피랜드'의
놀이기구가 살짝 보인다.

조각   …?
투우   근데 이번에는… 내… 내가 이긴 거지? 당신
            남겨두고… 내가 먼저 가는 거니까.

의아해하며 칼을 내리는 조각. 투우는 호흡이 받아지는
와중에도 경련 같은 미소를 띤다.

투우   이 방법밖에 없었어. 당신한테 오는 길이….
조각   무슨….

조각의 눈동자가 흔들린다. 그 순간, 바스락 사탕 봉지 소리와
테이프 음악 소리 너머로 주방에서 탕! 탕! 알약을 빻는
절구질의 리듬이 들려온다. 화면이 슬며시 도영의 시점으로
전환된다. 그림을 슬쩍 가리며 고개를 들자 다정하게 어깨를
감싸 쥐는 조각. 조각의 머리칼이 도영의 뺨을 스치며 하얗게 갠
가루약이 눈앞에 다가온다. 아찔한 향기에 숨을 멈추고 떨리는
입술을 살짝 벌리는 어린 투우. 상기된 채 보는데, 영락없이
사랑에 빠진 눈빛이다. 그 순간, 사운드가 툭 끊기며 게임
효과음이 툭 들어온다.

135   **(과거) 배도영의 집 / 밤**

격투 게임을 하고 있는 조각과 도영. 순식간에 상대를
쓰러뜨리며 라운드를 끝낸다. 툭 바뀌는 화면.

조각   뭐야. 끝났어?

도영   네.

조각   시시해.

기지개를 켜는 조각. 황당하게 보는 도영. 조각이 돌아보자 눈이
마주친다. 속을 들킨 듯 붉어지는 도영.

조각   근데 아빠는 언제 들어오실까?

도영   12시 넘어야 들어와요. 안 들어오는 날도 많고.

조각   그렇구나. 너도 그만 자야지. (일어나 나가려는데)

도영   근데. 아줌마는 무슨 음악 들어요?

조각   아. 나?

앞치마 주머니에서 워크맨을 꺼내 도영의 손에 쥐여주는 조각.

조각   이거 너 줄게. 힘들 때 들어.

귀에 이어폰을 꽂고 딸깍. 테이프가 돌아간다. 강렬한 사운드에
도영의 표정이 환해진다.

CUT TO.

겁먹은 얼굴로 현관 앞에 선 도영을 발로 차버리는 만취한
배종선.

　　배종선　　아빠가 돈 벌고 오면, 재깍재깍 나와서 인사하라
　　　　　　　했어, 안 했어?
　　도영　　　…. (아파서 무서워서 신음도 제대로 못 낸다)
　　배종선　　너 이 새끼 누굴 닮아서 이렇게 비리비리한 거야?
　　　　　　　그니까 맨날 처맞고 다니지, 임마!

하며, 손을 들어 또 때리려는데, 팔목을 턱 잡는 누군가. 도영이
올려다보면 조각이다.

　　조각　　　사장님, 욕조에 물 받아놨어요. 몸 푸시죠.
　　배종선　　뭐야, 이 씨!

하며 다시 때리려는데, 어? 팔을 뺄 수가 없다. 조각은 담담할
뿐.

CUT TO.

어두운 밤. 부엌. 복숭아를 먹고 알러지로 기도가 막혀 켁켁대는

도영. 조각이 나와 응급조치를 해준다.

CUT TO.

울먹이며 침대에 누운 도영. 달래며 손가락을 걸고 약속을 하고
있는 조각.

조각 약속! 아빠보다 강해지는 날이 올 거야. 그때까지
    칼을 품고 살아. 오늘은 푹 자고. 내일이면 기분이
    좋아질 거야.

조각이 일어서려 하자, 빤히 보던 도영이 갑자기 용기 내서
묻는다.

도영 같이….
조각 응?
도영 …해피랜드 가면 안 돼요?
조각 해피랜드?
도영 놀이동산이요. 친구들 다 갔다 왔다고
    자랑하는데… 아빠는 바빠서 어려우니까….

조각이 미소 짓고 일어서자, 도영 얼굴에 기대감이 퍼진다.
말없이 나가는 조각.

CUT TO.

탕탕탕. 절구 속에서 알약이 빻아지고 있다. 식탁에서 스슥-
뭔가를 그리는 도영. 알약을 빻는 조각의 뒷모습이다. 도영이
곱게 갈린 약을 털어 넣고 물을 마신다. 약이 쓴지 미간을 살짝
찡그리는데 막대 사탕을 꺼내 바스락거리는 비닐을 벗겨내고
건네는 조각.

CUT TO.

등교하는 아이들 사이로 환하게 웃으며 역주행하고 있는 도영.

    친구   (돌아보며) 도영아, 어디 가?
    도영   실내화 가지러!

CUT TO.

덜컥! 현관문이 열리고 들어서는 도영. 우뚝 멈춘 발밑에 피가

번진다. 뒤통수가 터진 배종선의 시체.

　　　도영　　　아… 아빠?

오줌 줄기가 바지로 타내린다. 겁에 질린 채 거실 쪽으로
다가서는데 문득 창을 넘으려는 조각이 보인다. 꽃바람에
흩날리는 머리칼을 모아 비녀를 꽂는 조각이 문득 뒤돌아본다.

　　　조각　　　아무것도 못 본 거야. 다 잊어버려.
　　　도영　　　나도 따라가면 안 돼요?
　　　조각　　　다음에. 더 크면.

창 너머로 뛰어내리는 조각. 도영이 뒤늦게 창 쪽으로 가보지만,
조각은 이미 담 너머로 사라지고 없다.

　　　(도영)　　　내가 찾아갈게요. 꼭….

눈물이 터져 나오는 도영의 얼굴에서 빠져보면, 폐쇄병동
병상이다. 벽에 온통 낙서가 가득하다. 멍하니 환상에 빠진 듯한
도영. 조각이 창 너머로 사라지던 순간 날려 들어온 꽃잎이
눈앞에 스친다. 보고 있던 도영의 입에서 에에취- 터져 나오는

재채기가 피를 토해내며 쿨럭이는 투우로 연결된다.

투우   그러니까 왜 잘해줬어? 알아보지도 못할 거면서,
        기, 기억도 못할 거면서 왜….

투우의 고백에 황망한 조각. 그제야 투우의 진심을 읽어내고
눈빛이 흔들린다.

조각   …왜 말 안 했니.
투우   무섭잖아… 못 알아보면… 어떡해. 기억해도 나
        싫어하면… 최악이니까….

눈이 감기며 호흡이 짧아지는 투우. 조각이 머리를 무릎에
받쳐 어린 시절처럼 얼굴을 어루만져준다. 떨리는 조각의 손을
잡아주는 투우. 조각의 손 떨림이 멈추고, 가늘어지던 투우의
눈동자가 열린다.

투우   …이젠 다 떠올라?

조각   …그래.

투우   어떻게?

조각   사람이 갈 때 되면… 주마등이 확 번지지.

조각의 눈을 깊이 들여다보는 투우. 결국 다 떠올리지 못했음을
알아차리고 살짝 실망한다.

투우   시시해… 그러니까… 당신은 아직 갈 때가 안

           됐다는 거네….

크게 숨을 한번 쉬더니 멈추는 투우. 희미해지는 의식 속에서
문득 중얼거리는 조각.

조각   이제… 알약, 삼킬 줄 아니.

멀리 경찰 사이렌 소리가 점점 가까워지며 화면 어두워진다.

137   폐단지 앞 / 밤

해가 진 어두움 속에 막 도착한 경찰차들. 강선생이 허겁지겁

해니를 차에 태우고 벨트를 매어준다.

강선생   다 끝났어, 해니야. 걱정하지 마.
해니   아빠. 할머니는?

차가 서둘러 출발하고, 해니는 뒤쪽을 보며 눈을 떼지 못하고
있다. 해니를 꼭 껴안은 강선생. 미안함과 고마움이 겹친
표정으로 낮게 중얼거린다.

강선생   그 할머니… 강한 사람이야. 살아남으실 거야….

멀어지는 차 뒤로 연이은 폭발음 속에 폐건물이 큰 불길에
휩싸이고 있다. 화면 어두워진다.

138   조각의 집 / 새벽

화면 밝아지면, 창가에 놓인 산세베리아 화분에 꽃이 피어 있다.
여느 때처럼 운동하러 나서는데, 택배가 도착해 있다. 보면
일기와 소품들이 담겨 있다. 일기를 펼쳐보는 조각. 물에 빠져
죽는 투우 그림 옆에 회전목마 위에 앉은 도영이 그려져 있다.

그 아래로 글이 보인다.

<table>
<tr><td>(투우)</td><td>나, 물속에 빠지면서 알았어. 죽고 나서야 내가
누군지 밝힐 용기가 생길 겁쟁이란 걸. 내가
지독한 짓을 한 거 알아. 또다시 나를 두고
가버린단 말에 너무너무 화가 났었거든. 근데 분명
살아남는 사람은 당신일 거야. 지켜야 할 사람들이
있으니까….</td></tr>
</table>

INS. (131신 연결) 잠든 해니 옆에서 그림을 그리고 있는 투우.
회전목마가 돌아가고 있다.

<table>
<tr><td>(투우)</td><td>아, 하나 궁금해. 그 사람은 죽어서 당신의 소망이
되었지. 나도 죽으면 당신의 소망이 될 수 있을까….</td></tr>
</table>

139 　네일숍 / 낮

드릴로 큐티클을 다듬는 소리와 함께 가루가 날린다. 보면,
매니저가 조각의 손톱을 다듬고 있다.

매니저   어머니. 왼손도요.

조각이 왼손을 올려놓는데, 매니저가 짧게 비명을 지르며 입을
틀어막는다. 의수다!

조각   하고 싶은 대로 해봐요. 아트인지 뭔지.

140   사찰 / 낮

류의 가족들 위패 옆에 가지런히 놓이는 투우의 위패. 49재다.

조각   우리 새 가족….

조각이 담담히 법당을 나선다. 그때 마침 들어서는 홍여사.
조각이 문을 잡아주며 한 발짝 비켜준다.

홍여사   고맙습니다.

인사하는 홍여사. 한결 밝아진 얼굴이다. 조각도 목례하며
밖으로 나온다. 법당 밖으로 봄날 따스한 햇살이 들이친다.

(조각)   류, 당신이 지킬 걸 만들어서 그렇게 된 건 아냐.
우린 결국 다 부서지고 사라지는 존재일 뿐인
거잖아. (INS. 평범한 해니청과의 일상. 해니 그림 위에
조각이 준 꽃 하나가 붙어 있다) 그런데 그 상실을
살아가는 것도 나쁘지 않은 거 같아.

조각이 가만히 손을 들어본다. 깨지고 상하고 뒤틀린 손톱들
위로 영롱한 스톤이 빛난다.

141   교회, 예배당 앞 / 낮

손을 내려보면 교회 외벽에 "지두하 총재님의 복귀를 진심으로
환영합니다"라는 큰 현수막이 보인다. 그 앞으로 천천히 걷다가
검은 차 앞에서 멈춰 서는 발. 돌멩이로 차의 후미등 한쪽을
살짝 깬다.

(지두하)   내는 감옥에 갇혀 있었어도, 날 고소한 인간들?
누명 씌우고 손가락질해댄 사탄들?

교단에서 설교 중인 지두하 총재(남, 70대), 좌중을 압도하고
있다.

　　지두하　　그기 누구든 단 한 번도 원망해본 적 없습니더.
　　　　　　　왜냐. 내사 마 다 알고 있었거든. 이건 하나님이
　　　　　　　일부러 주신 고난이란 기를. 그래서 이래
　　　　　　　기도드렸어. 세상천지가 내를 지탄하더라도
　　　　　　　내는 주께서 주신 사명, 그 가시밭길을 묵묵히
　　　　　　　걸어가겠다꼬!

"아멘!"을 외치는 열혈 신도들 너머 2층 구석에 조용히 앉은
조각.

　　(조각)　　그리고 아직은 류, 당신한테 갈 시간은 오지 않은
　　　　　　　모양이야.

류가 옆에 있는 것처럼 되뇌이는 조각. 허나, 더 이상 류는
보이지 않는다. 뒷머리의 비녀를 푼다.

'不可' 도장이 찍힌 방역 서류. 장비의 딸이 피해자로 암시되는
지두하 총재의 파렴치한 행각들이 보인다. 그 위로 자료실에서
꺼내온 여러 개의 '不可' 파일들을 잔뜩 내려놓는 초엽. 손목
시계 보며 '올 때가 됐는데…' 라는 표정으로 CCTV를 바라본다

신성방역으로 출근하고 있는 조각. 복숭아 하나를 베어 문다.
달콤하다.

투우의 그림일기

이제 안 거 같아...
눈물이 뭔지

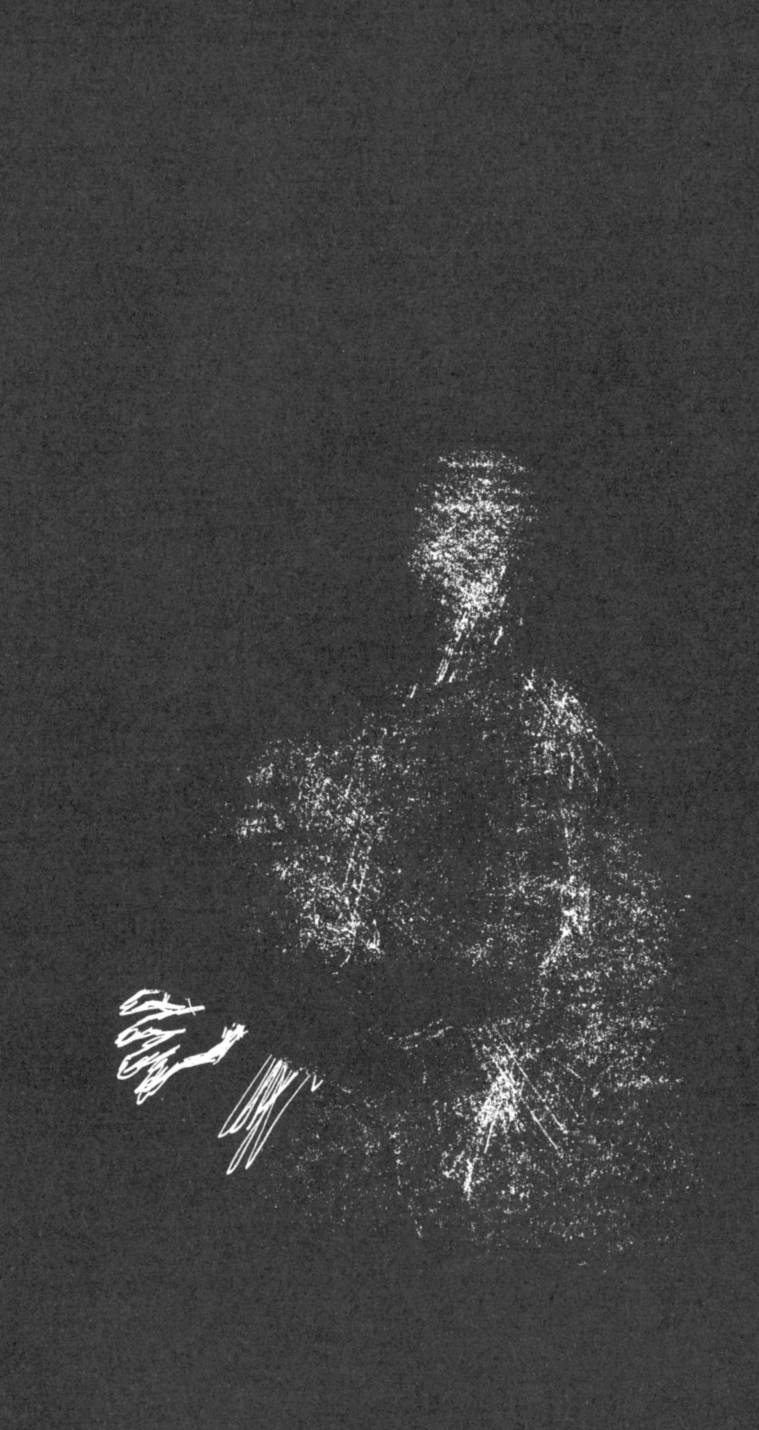

풀이 죽으면
원칙이고 뭐고
다 의미가 없어진다

그림자에 갇힌 사람들은
언제쯤 빛을 볼 수 있을까

바람이 불다
어디선가
그녀 머리카락 냄새가 스친다

칠흑 같은 어둠 속
검은 저녁에서 깨어나
떨어질까봐 벌벌떠는 악몽

고독한 표면

늙으면 옛날에 자기가 한 선택을 후회하고
자기연에 빠져
하지만 지금의 선택도 결국 후회한 거야
후회하지 않는 선택이란 없어

문득 어제 꿈 악몽이 떠올라
그녀가 내게 속삭였어
다 잊어버리라고

고요한 밤 어두운 그림자처럼
후회는 나를 따라 다니겠지
하지만 은 내가 한 행동에는
후회가 없어

태어난 건 고난이고
삶은 더 큰 고난이니까

바다를 동경하는 사람은
바닷가에 살지 않지

나를 피하는 얼어붙은 눈빛
잿빛으로 차해진 그녀의 얼굴

모두가 그 틈으로 마음
사라지까지)

친절함은
묻지 않는다

나 물속에 빠지면서 알았어
죽고 나서야 내가 누군지
밝힐 용기가 생긴 겁쟁이란걸

내가 지독한 겁을 한 거 알아
또다시 나를 두고 가버린단 말에
너무너무 화가 났었거든

근데 분명 살아남는
사람은 당신일 거야
지켜야할 사람들이 있으니까

아, 하나 궁금해
그 사람은 죽어서 당신의 신앙이 되었지
나도 죽으면 당신의 신앙이 될 수 있을까

신성방역 최종 프로젝트 보고서

방역 총괄: 민규동

보고일: 2025년 9월

수신: 신성방역 동료들, 그리고 이 이야기를 기다려준 모든 이들

친애하는 동료들에게,

40년 경력의 베테랑 요원 조각의 마지막 임무를 총괄하면서, 이번만큼 예상과 다른 작업은 처음이었습니다. 처음 작전을 기획할 때는 단순한 은퇴 프로젝트 정도로 생각했는데, 막상 현장 투입 후 보고를 받아보니 전혀 다른 임무가 되어버렸더군요.

사전 계획과 실제 작업의 차이

원래 작전: 늙은 요원이 마지막 임무를 끝내고 조용히 현역에서 물러나는 이야기
실제 전개: 상처받은 사람들이 서로를 치유하며 새로운 가족이 되는 프로젝트

기획 단계에서는 몰랐습니다. 투우라는 신입 요원과의 조우가 이렇게 복잡한 양상을 띨 줄도, 강선생이라는 민간인 때문에 조각의 마음이 이렇게 흔들릴 줄도. 무용이라는 개 한 마리가 전체 작전을 이렇게 바꿔놓을 줄도.

현장에서 새롭게 발견한 것들

현장 요원들(배우들)이 가져다준 예상 밖의 변수들이 많았습니다.

조각 담당 요원이 무용이와의 접촉에서 보인 반응을 관찰하며, 당초 계획에는 없던 감정적 변화를 감지했습니다. 그래서 각본 최종본에는 그 순간의 내적 변화를 더 상세히 기록했습니다. 냉혹한 요원이 처음으로 누군가를 돌보게 되는 과정을.

투우 담당 요원의 어린 시절 재현 연기를 검토한 후, 25년 전 도영과의 관계를 더 구체적으로 설계할 수 있었습니다. 원래 작전서에서는 단순한 복수 서사였는데, 현장 분석 결과 그게 아니더군요. 그리움이었습니다. 그래서 각본집에는 투우의 진심을 더 많이 반영했습니다.

촬영 과정에서 추가된 새로운 작전 요소들

강선생과의 접촉 작전도 예상보다 복합적으로 전개됐습니다. 처음엔 단순히 "선량한 민간인"이었는데, 현장 조사 결과 그의 가족 네트워크, 특히 해니와 윤여사와의 관계가 중요 변수라는 걸 파악했습니다. 그래서 해니청과 관련 장면들을 추가 배치했습니다. 그 작은 가게가 조각에게는 처음으로 경험하는 '평범한 일상'의 거점이었거든요.

손실장과의 최종 대결 시나리오도 수정됐습니다. 원래는 물리적 제압 중심이었는데, 현장에서 관찰한 바로는 심리적 대결이 더 핵심이었습니다. "애썼구나"라는 한마디가 어떤 무기보다 결정적이었어요.

각본집에만 담긴 완전한 작전 기록

영화는 2시간이라는 작전 시간 제약이 있어서 많은 정보를 압축 전달해야 했습니다. 하지만 각본집에서는 원래 기획했던 세부 데이터를 공개할 수 있었습니다.

투우의 정체성 관련 복선들을 더 정교하게 설계했습니다. 영화에서는 최종 단계에서 공개되지만, 각본집을 분석하는 분들은 중간 단계에서 "혹시?" 하는 추론 포인트들을 더 많이 발견하실 수 있을 겁니다.

조각의 내적 변화 과정도 더 상세히 문서화했습니다. 냉혹한 킬러에서 누군가를 돌보는 사람으로의 전환 과정. 영화에서는 시각적 연출로만 보여줄 수 있었던 것들을 심리 분석 자료로 정리했습니다.

현장 총괄하며 발견한 진짜 의미

촬영 전 과정을 지켜보면서 깨달은 게 있습니다. 이 프로젝트는 은퇴에 관한 게 아니었습니다. 새로운 시작에 관한 작전이었어요. 40년 동안 제거 작업만 해왔던 요원이, 처음으로 보호하고 지키는 임무를 수행하는 과정.

류가 순직한 뒤 40년 동안 단독 작전을 펼쳐온 조각이, 마지막에 와서야 새로운 팀원들을 만났습니다. 투우, 무용이, 강선생 가족들. 모두 상처받고 버려진 존재들이었지만, 서로를 보듬으며 새로운 조직을 구성해갔습니다.

독자 여러분께 드리는 작전 안내

이 각본집을 검토하실 때, 영화와 다른 속도로 분석해주세요. 영화는 정해진 템포로 진행되지만, 각본집은 여러분이 원하는 만큼 각 장면에서 정보를 수집할 수 있습니다. 투우가 전복죽을 끓여주는 장면에서, 그 이면의 감정을 충분히 파악해보세요. 복숭아를 고르는 장면에서, 그 선택의 의미를 분석해보세요.

그리고 기억해주세요. 파과(破果), 상한 과일이 가장 달다는 작전명의 의미를. 우리 모두 완벽한 요원은 아니지만, 그래서 더 인간적인 임무를 수행할 수 있다는 것을.

최종 프로젝트를 마치며

40년 신성방역 역사상 가장 의미 있는 작전을 총괄하면서, 중요한 발견을 했습니다. 누군가를 지킨다는 것의 진짜 의미를. 가족이라는 조직의 진정한 정의를. 그리고 상실 속에서도 계속해서 새로운 관계를 구축할 수 있다는 인간의 회복력을.

이 각본집이 여러분에게도 새로운 관점을 제공하기를 바랍니다. 우리 모두 누군가의 마지막 희망이 될 수 있다는 것을, 손상된 것들도 충분히 가치 있다는 것을 확인해주세요.

2025년 가을
신성방역 대부, 민규동 올림

각본집 발간에 부쳐

구병모(원작 소설《파과》작가)

출연진과 스태프 그리고 배급사와 홍보 대행사까지 통틀어서, 이 영화에 직간접적으로 관계 있는 모든 사람 가운데 나는 이 시나리오를 제일 늦게 읽은 사람이다. 즉 이 책을 지금 선택하고 펼친 당신과 나 사이에는 시간차가 거의 존재하지 않는다. 영화 〈파과〉가 베를린을 거쳐 한국 미국 대만에서 개봉한 모든 날을 지나온 뒤, 바로 이 발문을 쓰기 위해 나는 시나리오를 처음으로 받아 읽게 된 것이다.

이 이야기를 하면 주변 지인들이 처음에는 안 믿었고―원작자가 각본도 안 보고 영화가 만들어졌다고?―그다음에는 놀라워했다. 정말 그렇게 서너 해가 흐르는 동안 단 한순간도 내용이 궁금한 적 없었냐고 말이다. 그중에는 원래 시나리오를 원작자와 함께 머리 맞대고 쓰는 거 아니었냐고 묻는 분도 계셨고―그런 참여를 하는 소설가도 간혹 있고, 거기까지는 아니더라도 원작자 컨펌 과정을 거치는 케이스는 여럿 있다─나아가 원작자가 출연 배우 선정에 관여하거나 최소한 의견 정도는 내는 줄로 알았다는 분도 계셨다.

조금도 궁금하지 않았다면 거짓말이지만, 그럴수록 제작사 수필름이 있는 쪽을 쳐다도 안 보고 모든 것을 비밀에 부쳤다. 실제 제작에 들어가기 전까지 원작 소설의 표지에 "영상화 확정" 같은 띠지를 두르지 않도록 출판사에도 부탁드렸다. 원래는 제작이 완료되고 개봉일까지 잡히면 그때 두르자고 할 정도로 최대한 신중하게 늦추고자 했는데, 시나브로 언론사에서 보도자료로 흘려주는 동안 띠지는 예정보다 앞당겨졌다.

그 기다림이, 원작에 또 다른 확장과 증폭의 경험을 선사하는 다른 분야 예술에 대한 내 존중의 표시다.

그런데 거기까지는 개봉 전의 일이고.

베를린에서 전 세계 최초 공개된 다음 귀국한 감독님과 처음으로 만났을 때, 그동안 전혀 소통이 없었으니 인간적으로 이제는 시나리오 정도는 보여줄 거라 기대하고 그 자리에 나간 건 아니었지만, 최소한 이러저러한 형태의 이야기가 되었다든지 무슨 장면이나 인물을 추가하거나 덜어냈으며 각색이 어떤 방향으로 이루어졌다든지 그 정도는 살짝 흘려줄 줄 알았는데, 정말로 영화 자체에 대한 이야기가 그날 한 톨도 안 나와서 그건 좀 놀랐다. 그 방향으로 유도를 해보려고 나름대로 몇 차례 시도했는데, 어느새 이야기는 제작사 대표님과 감독님의 탁월한 언변과 함께 다른 흐름으로 넘어가 있었다. 원작자에게는 그 어떤 정보도 공개하지 않을 것이고, 작은 모니터로 미리 스크리너를 보여줄 수 없고, 영화하고의 첫 만남은 시사회 날 극장의 큰 화면으로 이루어졌으면 좋겠다는 강력한 바람이 전해졌다. 원작자가 이걸 어떻게 볼지 걱정이 이만저만 아니라는 조바심이 반, 나머지 반은 기대감과 자신감으로 보였는데, 지금 와서는 후자가 충분히 가질 만한 감정이었다고 생각된다. 일단 그동안 현실적인 조건에 따라 계산기를 두드려보았을 이들이 선뜻 하지 않은/차마 하지 못한 것을 결국 했다는 것만으로도.

영화만 보신 분들은 이 각본집을 읽으면 여러 사정에 의해 떨어져나간 무수한 장면의 조각을 떠올리고 퍼즐처럼 맞출 수 있을 것이다. 그런 다음 혹시 원작 소설도 갖고 계시다면, 그것을 옆에 펼쳐놓고 숨은그림찾기를 하는 재미를 느껴보셨으면 한다. 소설의 거기에 있던 독백이 이 뜻밖의 장면에 바로 이 대사로 변형되어 들어갔구나. 완전히 사라진 (혹은 달라진) 줄 알았던 과거 장면의 편린이 이 단락에 살아 있었구나. 그런데 결국 우리가 상영관에서 본 최종판은 그거였구나…… 같은 발견을 여러 차례 할 수 있다. 영화는 원작 소설과 (당연하게도) 다른 길을 가고, 그러면서도 원작 곳곳에 산재한 요소 요소를 생각보다도 촘촘하게 재현할 의도가 있었음을, 각본집으로 확인할 수 있다. 나로선 읽고 난 뒤 러닝타임 2시간 2분으로 편집된 현재의 상영 버전이 영화에는 최적의 대답이었음을 알게 됐다.

후반부 편집 과정 중에 감독님은, 아마도 기본으로 돌아가 마음을 다잡는 차원에서였을 것인데 아리스토텔레스의 《시학》을 다시 읽으셨다고 한다. 아리스토텔레스는 비극에서 사람의 심금을 울리는 데 가장 크게 기여하는 요소가 전환(페리페테이아)과 인지(아나그노리시스)라고 밝힌다. 《시학》에서 말하는 전환은 터닝 포인트 즉 주인공의 운명을 바꾸는 지점이며, 인지는 인물이 지금까지 몰랐던 사실이 밝혀지는 순간을 가리킨다. 인류 서사의 근본인 두 요소를 씨실과 날실로 엮은 직물의 질감을 영화로 먼저 감상했으니, 스크린에 나타나지 않은 이야기들은 각본집으로 간직하는 게 좋을 것 같다. 쇼트와 신이 모여 시퀀스에 담긴 시각적 은유들을 텍스트만으로는 짐작하기 불충분할 수 있으나, 프레임 바깥에는 저마다의 상상력이 존재하므로.

스틸컷

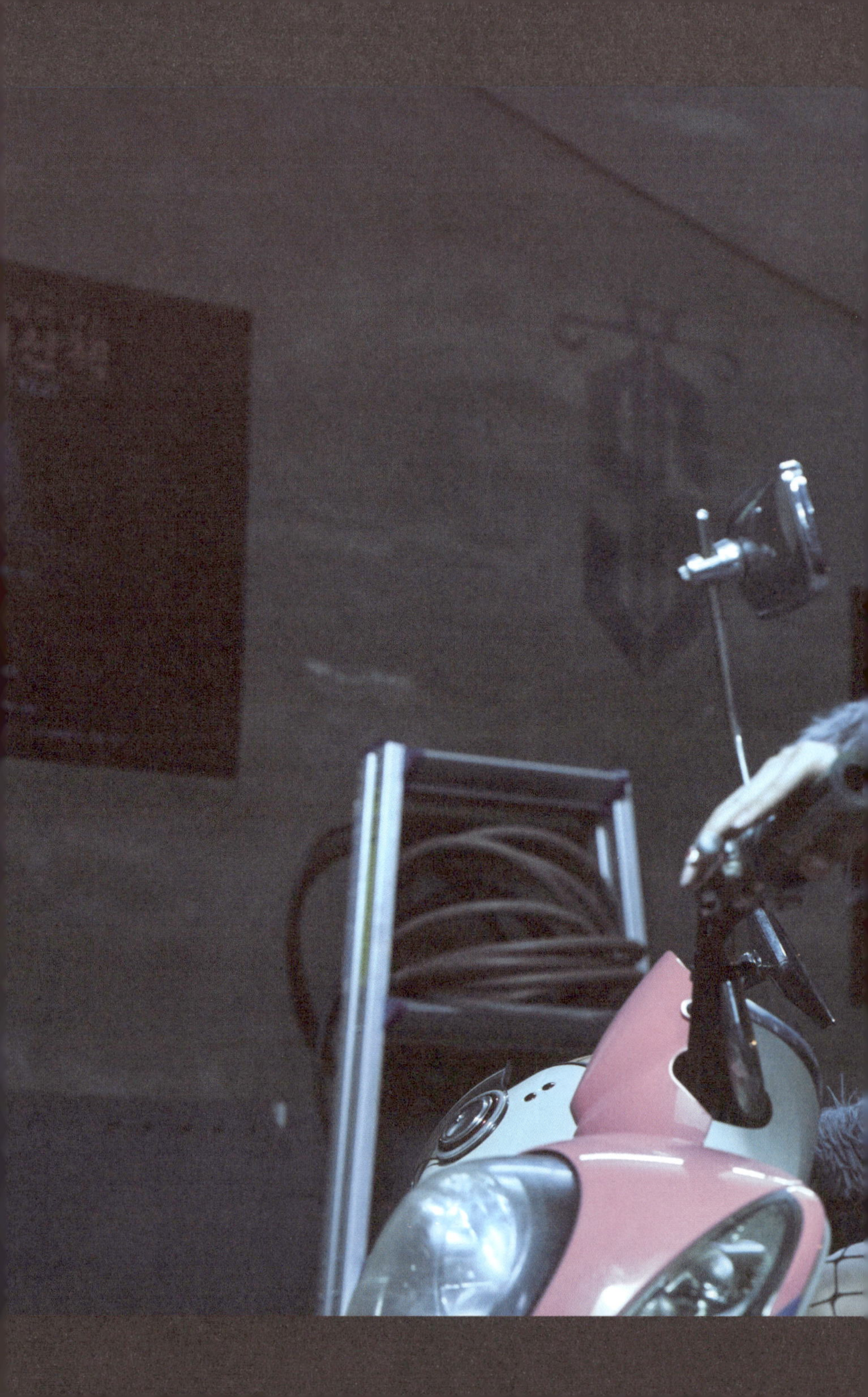

NOLAN

비
하
인
드
컷

방역보고

방역대상 작업내역

성 명	배홍선	출 생 연 도	1953/10/17
작업일시	1998년 4월 23일 8시 40분	성 별	남
장 소	인천광역시 미추홀구 숭현동 48		

작업결과 및 특이사항:

가족관계 - 아들, 서들 1명 (11세)
방역기간 - 5일 소요
방역진행 - 가정복도 외장 장식
　　　　　 장뜨리, 노루발 사용
　　　　　 후두골 및 두정골 뢰격 진행, 두개골 골절 및 파열
　　　　　 원한에 과한 타살 마체사건으로 보여게 사신병리
　　　　　 지문제거 및 증거산열 완료

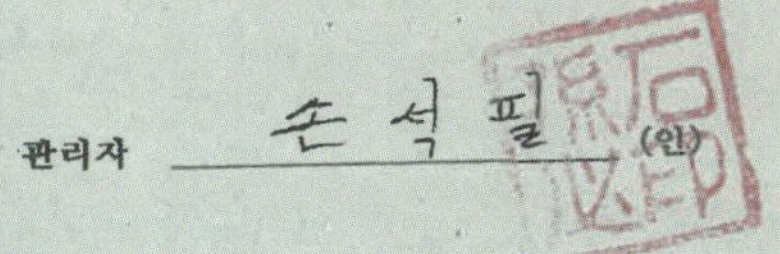

상기 내용이 확인되었음을 확인합니다.

관리자 ___손 석 필___ (인)　　　　담당자 ___조 각___ (인)

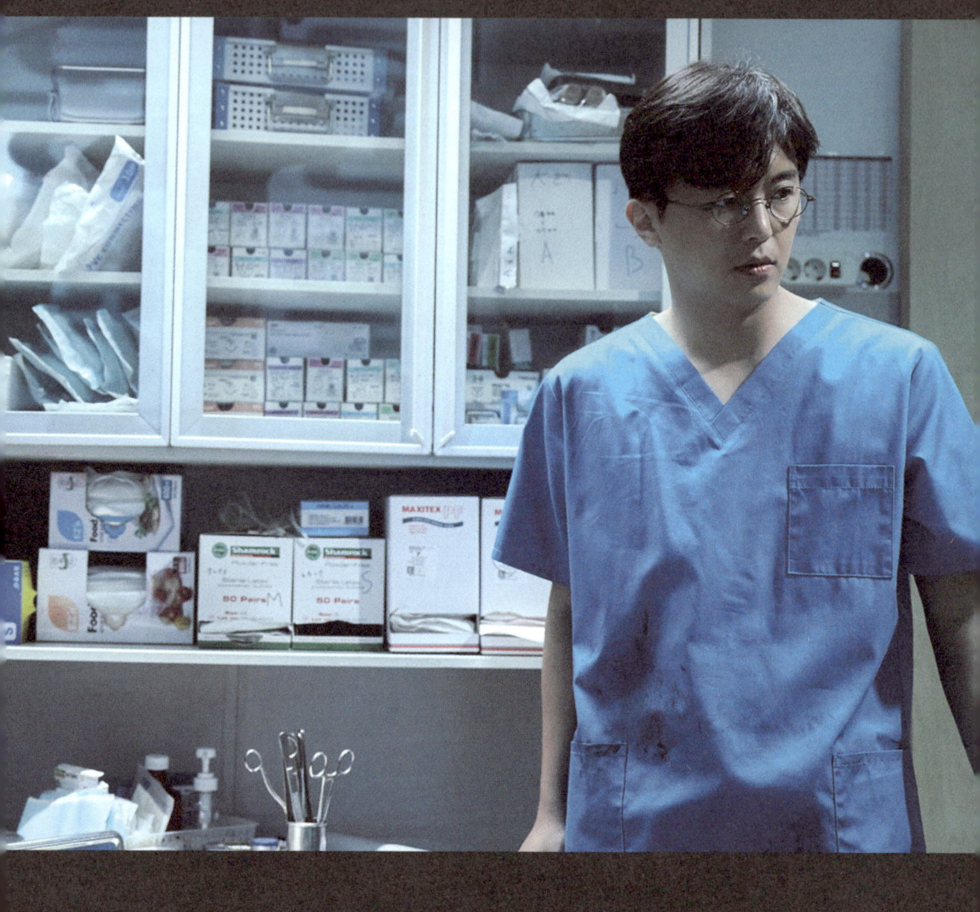

병원 수술실에서 수술을 받다가
갑자기 사망한 제 아내가
왜 죽었는지 진실을 알고 싶고
의료진의 진정한 사과를 받고 싶습니다.

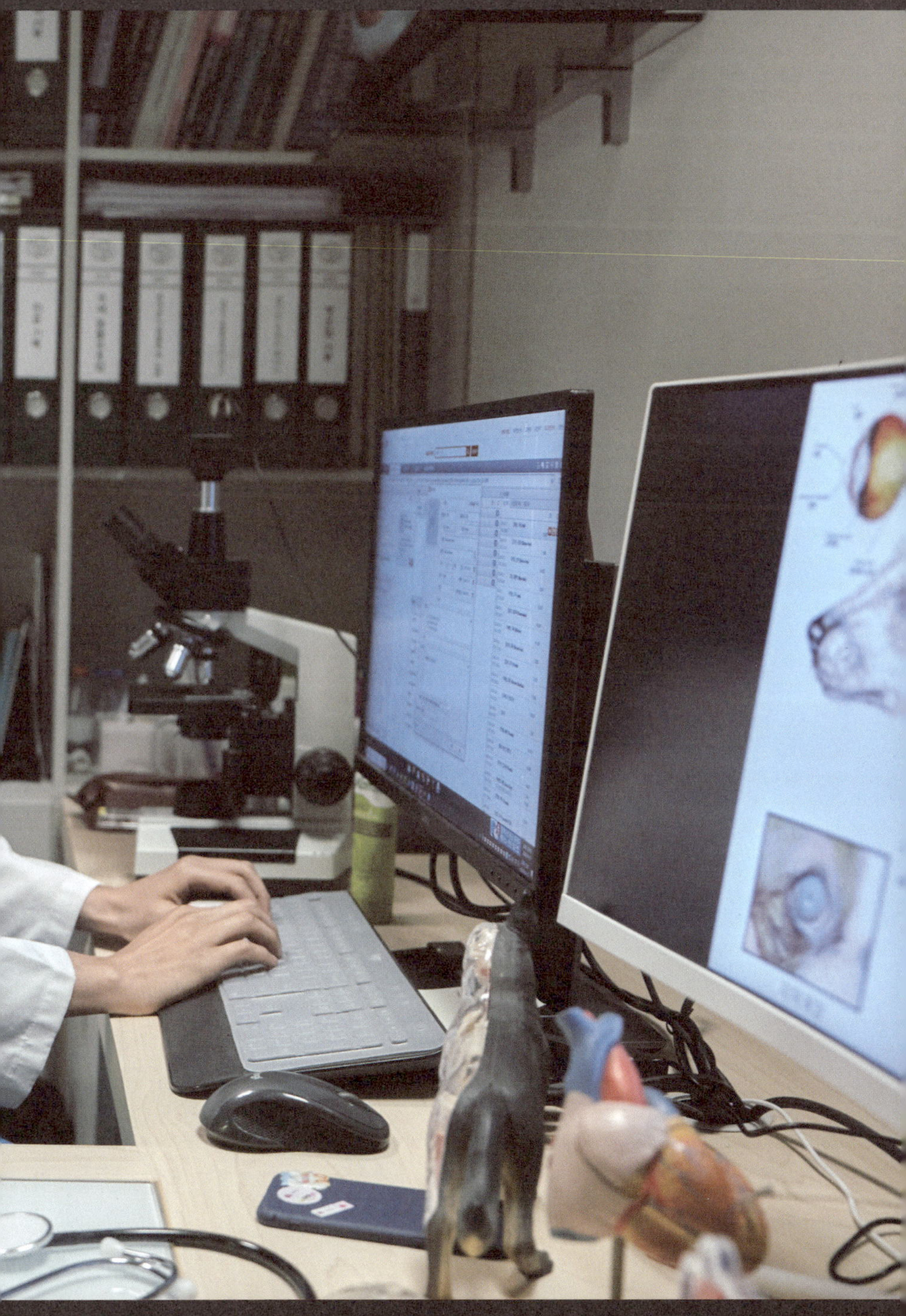

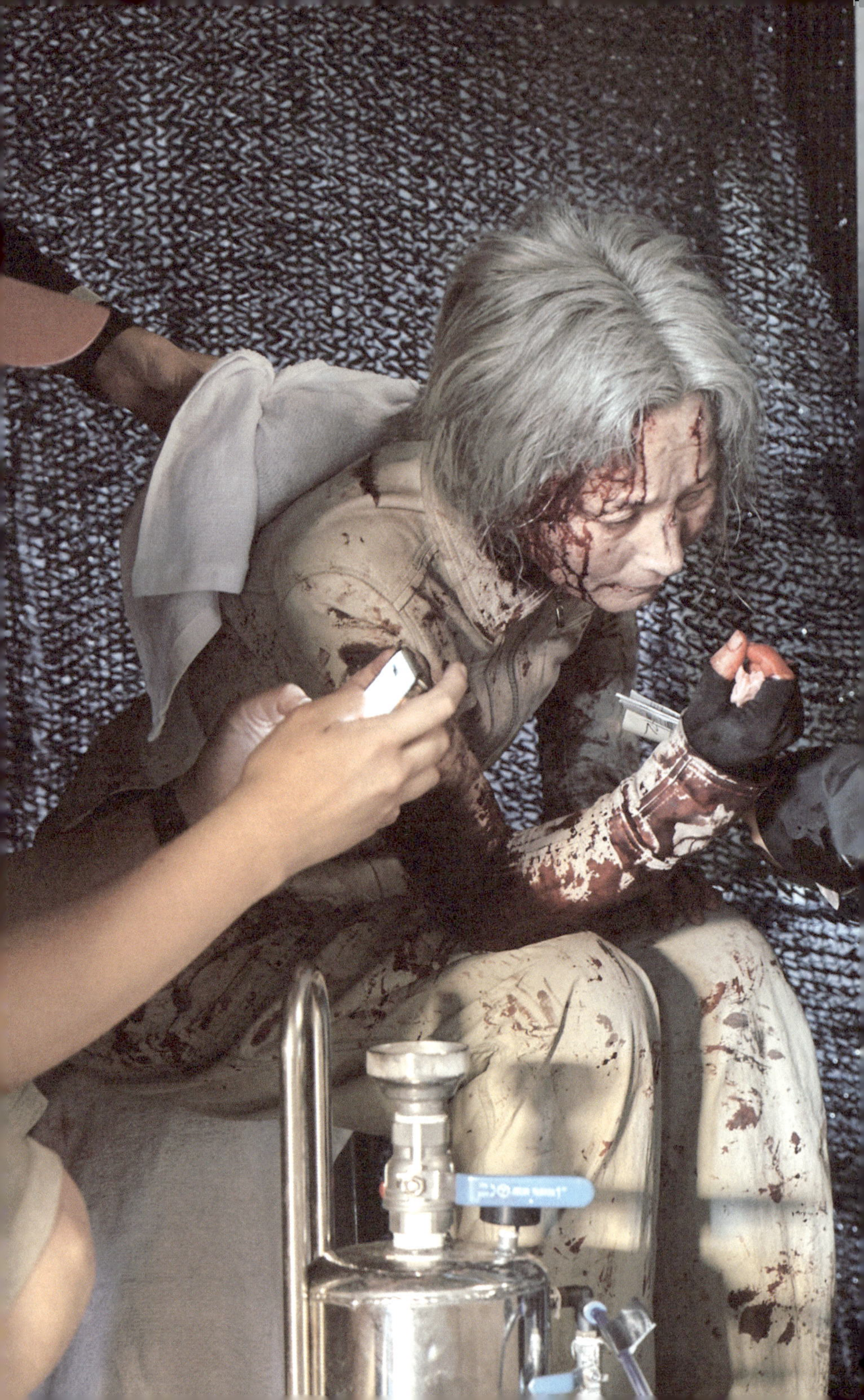

의시선구스타프의시선　　타프의시선

SEMUSE USE

→ I'm he

파과 각본집

초판 1쇄 인쇄 2025년 9월 17일
초판 1쇄 발행 2025년 9월 24일

지은이 민규동 김동완
원작 구병모
펴낸이 최순영

출판2 본부장 박태근
스토리 팀장 김소연
편집 김소연
디자인 studio forb

펴낸곳 ㈜위즈덤하우스　**출판등록** 2000년 5월 23일 제13-1071호
주소 서울특별시 마포구 양화로 19 합정오피스빌딩 17층
전화 02) 2179-5600　**홈페이지** www.wisdomhouse.co.kr

ISBN 979-11-7171-508-4 03680